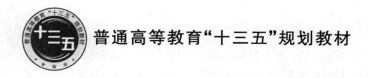

普通高等教育"十三五"规划教材

"互联网+"大学生创新创业实践教程

主　编　康海燕
副主编　朱万祥

北京邮电大学出版社
www.buptpress.com

内容简介

本书由3篇内容构成:第1篇为创新理论;第2篇为创新的表示与保护;第3篇为创新案例与创业指导。本书旨在引导和启发读者如何进行创新创业,通过追寻成功者的足迹,给读者以必要的启迪,使其从中吸取成长和成功所必需的养分。

本书适合作为高等院校理工类本科生、研究生(包括网络空间安全类专业、计算机类专业以及管理科学与工程类专业)的创新创业实践教材,也可作为教师、各类工程技术人员以及广大科技爱好者的参考书。

图书在版编目(CIP)数据

"互联网+"大学生创新创业实践教程 / 康海燕主编. -- 北京:北京邮电大学出版社,2019.12 (2024.1重印)

ISBN 978-7-5635-5941-1

Ⅰ. ①互… Ⅱ. ①康… Ⅲ. ①大学生—创业—高等学校—教材 Ⅳ. ①G647.38

中国版本图书馆 CIP 数据核字(2019)第 266646 号

书　　　名:	"互联网+"大学生创新创业实践教程
主　　编:	康海燕
责 任 编 辑:	马晓仟
出 版 发 行:	北京邮电大学出版社
社　　　址:	北京市海淀区西土城路 10 号(邮编:100876)
发　行　部:	电话:010-62282185　传真:010-62283578
E-mail:	publish@bupt.edu.cn
经　　　销:	各地新华书店
印　　　刷:	保定市中画美凯印刷有限公司
开　　　本:	787 mm×1 092 mm　1/16
印　　　张:	12
字　　　数:	279 千字
版　　　次:	2019 年 12 月第 1 版　2024 年 1 月第 5 次印刷

ISBN 978-7-5635-5941-1　　　　　　　　　　　　　　　　定　价:32.00 元

・ 如有印装质量问题,请与北京邮电大学出版社发行部联系 ・

前　言

作为20世纪最伟大的工程之一，互联网在给人类发展带来新机遇的同时，也给各国社会发展带来了新挑战。在"互联网＋"行动和"大众创业，万众创新"的理念下，如何实施网络强国战略，如何使互联网发展成果更好地惠及全国人民并实现全人类共享？这些问题的解决需要创新驱动，服务创新和技术创新是两个强有力的驱动引擎。在这些创新中最重要的是人才培养机制的创新和科研体制转化的创新。因此，全社会应高度重视创新人才的培养。人们已普遍意识到大学是创新人才培养的基地，也是科技创新的重要源头。

为此本书对"大学生创新创业培养"进行探讨和分析，以案例分析为主，通过探讨典型互联网企业的成功经验与失败教训，结合"互联网＋"的最新发展以及"独角兽"企业的发展趋势，引导学生理解技术创新和服务创新的重要性，旨在把学生的创造力激发出来。本书注重从科技知识基础、创新意识、创新思维能力、学习能力、实践能力等多方面对大学生的创新创业能力进行培养和激发，使大学生逐步养成创新习惯。本书主要由3篇内容构成。第1篇为创新理论。第2篇为创新的表示与保护。通过专利、计算机软件著作权、科技论文实例引导创新者用法律（专利法）保护好自己的发明（科研）成果，并通过知识产权武器维护自己的合法权益。第3篇为创新案例与创业指导。本书内容的特点是理论和实践相结合。

本书的构思和编写得到多位老师的鼓励和支持，感谢团队成员的共同努力，在大家一起讨论的日子里，编者获益甚多。感谢参与编写的成员：贾倩倩、冯亚平、闫涵、陈天英、张书旋、李昊、张浩、邓婕。

在2020年北京高校"优质本科教材课件"项目评选中，本书被评为"北京高等学校优质本科教材课件"。

感谢本书所引用的所有参考文献的作者，他们的工作和研究成果给了编者极大的帮助和启发，是他们的刻苦钻研和辛勤工作成就了创新创业这片天地。本书中有些基本概念和基础知识已经比较成熟，为避免基础知识和基本概念的歧义，编者引述了许多著名学者和专家相关论文的内容，其中大部分已征得相关专家的授权，但由于各种原因仍有大量引述未能当面征求原著者的意见，编者已尽量做出明确标注。在此对这些文献的作者表示衷心感谢，未尽事宜，敬请谅解！

最后，感谢为此书的出版付出辛勤劳动的所有人！

由于编者水平有限，书中疏漏之处在所难免，诚请各界学者、专家和读者批评指正。

编　者

目　录

第 1 篇　创新理论

第 1 章　创新理论 … 3
1.1　创新的定义 … 3
1.1.1　社会学角度 … 3
1.1.2　经济学角度 … 4
1.1.3　哲学角度 … 5
1.2　创新的意义 … 6
1.2.1　创新与社会的进步 … 6
1.2.2　创新对企业的意义 … 6
1.2.3　创新对个人的意义 … 7
1.3　创新与发展 … 8
1.3.1　创新是引领发展的第一动力 … 8
1.3.2　谋创新就是谋未来 … 8
1.3.3　加快实施创新驱动发展战略 … 9
1.4　中国的创新瓶颈 … 10
1.4.1　创新环境 … 10
1.4.2　创新意识 … 11
1.4.3　创新能力 … 13
1.4.4　创新政策 … 14
本章小结 … 15
本章思考题 … 15

第 2 章　创新方法 … 16
2.1　欧美国家的主要创新方法研究 … 16
2.1.1　智力激励法 … 16
2.1.2　形态分析法 … 19
2.1.3　思维导图法 … 22

2.1.4　思考六帽法 ……………………………………………………… 25
　2.2　日本的主要创新方法研究 …………………………………………………… 27
　　2.2.1　KJ法 ………………………………………………………………… 28
　　2.2.2　NM法 ……………………………………………………………… 30
　　2.2.3　ZK法 ………………………………………………………………… 34
　　2.2.4　MBS法 ……………………………………………………………… 35
　2.3　中国的主要创新方法研究进展 ………………………………………………… 37
　　2.3.1　信息交合法 …………………………………………………………… 37
　　2.3.2　和田十二法 …………………………………………………………… 40
　　2.3.3　6W2H分析法 ………………………………………………………… 42
　2.4　创新上下行 ……………………………………………………………………… 45
　本章小结 ……………………………………………………………………………… 46
　本章思考题 …………………………………………………………………………… 46

第3章　大学生创新能力培养的内容和方法　47

　3.1　国外大学生的创新能力培养途径与方法 …………………………………… 47
　　3.1.1　德国高校大学生创新能力培养模式概述 ………………………… 47
　　3.1.2　美国高校大学生创新能力培养情况与分析 ……………………… 48
　　3.1.3　英国高校大学生创新能力培养路径分析 ………………………… 49
　　3.1.4　日本高校大学生创新能力培养改革措施 ………………………… 50
　3.2　国内部分理工类高校大学生创新能力培养的先进经验 …………………… 51
　　3.2.1　华中科技大学以产学研结合促进创新人才培养 ………………… 51
　　3.2.2　上海交通大学改革大学生培养机制，提升人才质量 …………… 52
　　3.2.3　武汉大学培养大学生创新精神与创造能力 ……………………… 52
　3.3　提升理工类大学生创新能力的主要途径 …………………………………… 53
　　3.3.1　优化招生制度，提高人才选拔质量 ……………………………… 53
　　3.3.2　构建跨学科培养模式，提高创新能力 …………………………… 54
　　3.3.3　科研与教学相融合，激发创新热情 ……………………………… 54
　　3.3.4　健全产学研协同育人机制，提升创新实践能力 ………………… 54
　　3.3.5　完善考核评审制度，严把人才质量关 …………………………… 55
　　3.3.6　加强教师队伍建设，提升师资水平 ……………………………… 55
　　3.3.7　营造良好创新氛围，培养学生创新意识 ………………………… 55
　本章小结 ……………………………………………………………………………… 56
　本章思考题 …………………………………………………………………………… 56

第4章　"互联网＋"背景下的创新创业　57

　4.1　"互联网＋"的相关理论 …………………………………………………… 57

4.1.1 "互联网＋"概念提出 ………………………………………………… 58
　　4.1.2 "互联网＋"基本内涵 ………………………………………………… 58
　　4.1.3 "互联网＋"的消费模式新常态 ……………………………………… 59
　4.2 "互联网＋"背景下的创新性应用领域 …………………………………… 60
　　4.2.1 "互联网＋"工业 ……………………………………………………… 60
　　4.2.2 "互联网＋"金融 ……………………………………………………… 61
　　4.2.3 "互联网＋"医疗 ……………………………………………………… 63
　　4.2.4 智慧城市 ……………………………………………………………… 64
　4.3 "互联网＋"创新创业案例 ………………………………………………… 65
　　4.3.1 BAT：移动生态系统的"三国演义" ………………………………… 65
　　4.3.2 Uber：共享经济模式探求 …………………………………………… 68
本章小结 …………………………………………………………………………… 71
本章思考题 ………………………………………………………………………… 71

第2篇 创新的表示与保护

第5章 专利 ……………………………………………………………………… 75
　5.1 专利的含义及相关介绍 …………………………………………………… 75
　　5.1.1 专利的含义 …………………………………………………………… 75
　　5.1.2 专利的法律含义 ……………………………………………………… 76
　　5.1.3 相关知识 ……………………………………………………………… 77
　5.2 专利的特点、种类及原则 ………………………………………………… 77
　　5.2.1 专利的特点 …………………………………………………………… 77
　　5.2.2 专利的种类 …………………………………………………………… 78
　　5.2.3 专利的原则 …………………………………………………………… 81
　5.3 申请专利的优势及相关小知识 …………………………………………… 81
　　5.3.1 申请专利的优势 ……………………………………………………… 81
　　5.3.2 申请专利的相关知识 ………………………………………………… 82
　　5.3.3 专利申请前的准备 …………………………………………………… 83
　　5.3.4 授予专利权的条件 …………………………………………………… 83
　5.4 专利申请原则、流程及相关内容 ………………………………………… 84
　　5.4.1 专利申请原则 ………………………………………………………… 84
　　5.4.2 专利申请流程 ………………………………………………………… 84
　　5.4.3 专利申请受理机关 …………………………………………………… 86
　　5.4.4 专利申请所需文件 …………………………………………………… 86
　　5.4.5 撰写专利权利要求书 ………………………………………………… 87

	5.4.6 申请专利的费用	87
	5.4.7 申请专利的途径	87
	5.4.8 职务发明与非职务发明	87
	5.4.9 如何确定保密审查	88
5.5	专利优先权	88
5.6	专利代理机构及技术交底书撰写模板	89
5.7	专利申请实例	90

本章小结 ... 93
本章思考题 ... 93

第6章 计算机软件著作权登记 ... 94

6.1 计算机软件著作权相关概念及申请须知 ... 94
    6.1.1 计算机软件著作权的相关概念 ... 94
    6.1.2 申请须知 ... 95
    6.1.3 相关知识 ... 95
6.2 软件著作权登记办理 ... 96
    6.2.1 软件著作权登记办理流程及审批流程 ... 96
    6.2.2 软件著作权登记申请所需文件 ... 97
6.3 软件著作权登记机构、办理时限及登记费用 ... 97
    6.3.1 软件著作权登记机构 ... 97
    6.3.2 软件著作权办理时限与登记费用 ... 98
6.4 软件著作权登记常见问题问答 ... 99

本章小结 ... 100
本章思考题 ... 100

第7章 科技论文格式和写作技巧 ... 101

7.1 概念 ... 101
    7.1.1 科技论文的意义和基本特征 ... 101
    7.1.2 科技论文的分类 ... 102
7.2 科技论文的格式和写作技巧 ... 102
    7.2.1 科技论文的格式 ... 102
    7.2.2 科技论文写作技巧 ... 104

本章小结 ... 105
本章思考题 ... 106

第3篇 创新案例与创业指导

第8章 创新实践案例 · 109

8.1 大学生课外科技创新的有效模式研究与实践 · 109
- 8.1.1 简介 · 109
- 8.1.2 课外科技创新的有效实施模式 · 109
- 8.1.3 课外科技创新有效实施模式保障因素的建设 · 111

8.2 大学生创新实践案例 · 113
- 8.2.1 基于网络隐私保护的动态密码研究 · 113
- 8.2.2 基于BP神经网络的Wi-Fi安全评价模型研究 · 116
- 8.2.3 基于蓝牙技术的身份认证与实时防护系统 · 121
- 8.2.4 微信抢红包神器的设计 · 125

本章小结 · 129
本章思考题 · 129

第9章 创业理论与实践 · 130

9.1 大学生创新创业的概述 · 130
- 9.1.1 国家当前创业形势 · 130
- 9.1.2 大学生创业的自身优势与劣势 · 132

9.2 创业的相关知识 · 133
- 9.2.1 创业准备 · 133
- 9.2.2 创业启动 · 150
- 9.2.3 创业风险 · 153

9.3 大学生创新创业实践 · 155
- 9.3.1 大学生创新创业训练计划简介 · 155
- 9.3.2 项目选题 · 156
- 9.3.3 评审程序 · 156
- 9.3.4 项目运行 · 157
- 9.3.5 项目验收 · 158

9.4 创业科技园 · 158
- 9.4.1 基本概念 · 158
- 9.4.2 发展类型 · 158

9.5 创业孵化器 · 159
- 9.5.1 基本概念 · 159
- 9.5.2 创业孵化器运营模式 · 160

9.5.3　创业孵化器孵化标准和流程 ································ 161
　　9.6　创新创业案例模板 ·· 162
　　本章小结 ·· 163
　　本章思考题 ·· 164

参考文献 ··· 165

附录　大学生创业项目计划书 ··· 171

第 1 篇　创新理论

科技的发展、知识的创新对一个国家、一个民族的发展有着深远的影响。创新是一个民族进步的灵魂，是一个国家兴旺发达的不竭动力。中华民族自古以来就具有自强不息、锐意创新的光荣传统。如果不能创新，不去创新，一个民族就难以发展起来，难以屹立于世界民族之林。本篇将系统介绍创新理论、创新方法、大学生创新能力培养的内容和方法以及"互联网＋"背景下的创新创业。

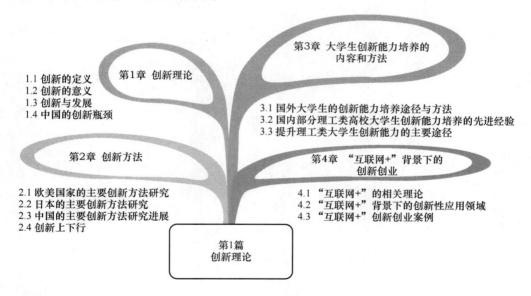

第 1 章　创　新　理　论

21世纪是一个充满竞争的世纪,我们该如何迎接挑战,应该以什么来支撑经济的发展和科技的进步?几乎所有的决策者与科学家都选择了同样的答案——创新。

本章从不同角度介绍了创新的定义及相关研究;说明了创新对社会、企业、个人的意义;指出了当今社会创新与发展的关系;指出了中国目前创新存在的瓶颈。

1.1　创新的定义

"创新"(Innovation),顾名思义,指创造出新的东西。但是细究起来,创新并没有那么简单。下面主要从三个角度对其进行解释。

1.1.1　社会学角度

创新是指人们为了发展需要,运用已知的信息和条件,突破常规,发现或产生某种新颖、独特的有价值的新事物、新思想的活动。创新的本质是突破,即突破旧的思维定式,旧的常规戒律。创新活动的核心是"新"。它或者是产品的结构、性能和外部特征的变革,或者是造型设计、内容的表现形式和手段的创造,或者是内容的丰富和完善。创新是以新思维、新发明和新描述为特征的一种概念化过程,它具备三个基本要素,如图1-1所示。

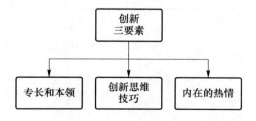

图1-1　创新三要素

第一,在特定的领域具有专长和本领。这些专长反映了一个人是否精通这个领域,如是否可以谱写一首优美的曲子,是否可以熟练地使用计算机的表格程序,是否能出色地完成一项科学试验。

第二,要有创新思维技巧。这些创新思维技巧包括充分发挥想象力,持之以恒地解决问题以及对于工作的高标准。创新思维也可以指转换思考问题的能力,将新奇的事物变为自己熟悉的,将熟悉的变为奇异的。许多这样的技巧是建立在独立思考基础之上的,即甘愿去承担某些风险并且具有尝试新事物的勇气。如图1-2所示,看黑色或者白色都能看到不一样的图案,这就是一种逆向创新思维。

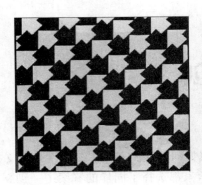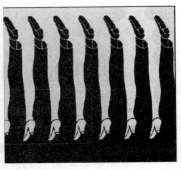

图 1-2 逆向创新思维

第三,要有内在的热情。心理学把内在的热情称为内在的动机。内在的动机是指那种纯粹为了自身的愉悦而焕发的激情,绝不仅仅是为获得奖品或补偿而去做事情。这种动机的反面便是人们的外在动机,即并非自身想去做某件事,而是由于应该这样做,为了某种回报,或是为了取悦某人,又或是为了获得一次晋升的机会而去做事情。不少年轻人在求学过程中会把获取文凭作为最大的学习动机,这是缺乏内在的热情的表现。一位诺贝尔物理学奖获得者曾被问过具备创造力和不具备创造力的科学家的最大区别是什么,他回答,那关键看他们的工作过程是否到处洋溢着"爱"。从某种程度上看,强大的热情可以弥补先天的不足。

1.1.2　经济学角度

创新的概念起源于奥地利经济学家约瑟夫·熊彼特在 1912 年出版的《经济发展理论》。随后,很多学者也对创新的定义进行了其他的解释,表 1-1 是对创新的定义的概述。

表 1-1　经济学角度对创新的定义的概述

时间	学者	出处	定义
1912 年	熊彼特	《经济发展理论》	创新是指把一种新的生产要素和生产条件的"新结合"引入生产体系
1962 年	伊诺思	《石油加工业中的发明与创新》	技术创新是几种行为综合的结果。这些行为包括发明的选择、资本投入保证、组织建立、制订计划、招用工人和开辟市场等
1969 年	迈尔斯、马奎斯	《成功的工业创新》	将创新定义为技术变革的集合。技术创新是一个复杂的活动过程,从新思想、新概念开始,通过不断地解决各种问题,最终使一个新项目得到成功应用
1974 年	厄特巴克	《产业创新与技术扩散》	创新就是技术的实际采用或首次应用
1982 年	弗里曼	《工业创新经济学》	技术创新就是指新产品、新过程、新系统和新服务的首次商业性转化

续表

时间	学者	出处	定义
20世纪80年代以来	傅家骥	《傅家骥文集》	创新是指科技、组织、商业和金融等综合过程中抓住市场的潜在盈利机会,以获取商业利益为目标,建立起效能更强、效率更高和费用更低的生产经营方法
	彭玉冰、白国红	《经济问题》	企业技术创新是企业家对生产要素、生产条件、生产组织进行重新组合,以建立效能更好、效率更高的新生产体系,从而获得更大利润的过程
进入21世纪	宋刚等	《复杂性科学视野下的科技创新》	技术创新是各创新主体、创新要素交互复杂作用下的一种复杂涌现,是技术进步与应用创新的"双螺旋结构"共同演进的产物
		《创新2.0:知识社会环境下的创新民主化》	将创新2.0总结为以用户创新、大众创新、开放创新、共同创新为特点,强化用户参与、以人为本的创新民主化

总结前人的观点,以傅家骥教授对创新的定义为基础,本书对创新的定义是:创新是指企业家抓住市场潜在的盈利机会,或技术的潜在商业价值,以获取利润为目的,对生产要素和生产条件进行新的组合,建立效能更强、效率更高的新生产经营体系,从而推出新的产品、新的生产(工艺)方法,开辟新的市场,获得新的原材料或半成品供给来源或建立企业新的组织等一系列活动的综合过程。

1.1.3 哲学角度

创新是一种人的创造性实践行为。创新是人类对于其实践范畴的扩展性发现、创造的结果。创新在人类历史上首先表现为个人行为,在近代实验科学发展起来后,创新在不同领域不断成为一种集体行为。但个人的独立实践对于前沿科学的发现及创新依然起到引领作用。创新的社会化形成整体的社会生产力进步。

从哲学的不同角度将创新进行解析,如表1-2所示。

表1-2 对创新进行不同角度的解析

角度	解释
创新的本质目的	满足人类自身的需要
创新的主体	人类
创新的客体	客观世界(包括人类自身)
创新的过程	不断拓展和改变对客观世界(包括人类)认知与行为的动态活动本身
创新的核心	创新思维
创新的关键	改变
创新的结果	其一是物质的;其二是非物质的

另外,创新涵盖众多领域,包括政治、军事、经济、社会、文化、科技等各个领域的创新。因此,创新可以分为科技创新、文化创新、艺术创新、商业创新等。

1.2 创新的意义

创新是民族进步的灵魂。没有创新就没有竞争力,没有创新就没有价值的提升。创新是人类特有的认识能力和实践能力,是人类主观能动性的高级表现形式,是推动民族进步和社会发展的不竭动力。创新在经济、商业、技术、社会学等研究领域中有着举足轻重的分量。创新对社会、企业、个人有着重要的意义。

1.2.1 创新与社会的进步

创新是人类文明进步的原动力,是科技发展、经济增长和社会进步的源泉。创新可以改善人们的生活,如图1-3、图1-4所示。20世纪四五十年代,人类迎来了以原子能、电子计算机和空间技术的发展为代表的第三次工业革命。这次科技革命不仅极大地推动了人类社会经济、政治、文化领域的变革,而且也影响了人类生活方式和思维方式,把人类社会推进信息时代。

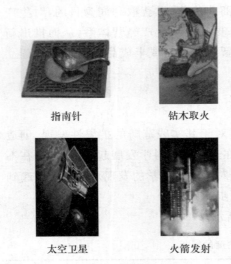

图1-3 创新与社会的进步

图1-4 嫦娥一号探月卫星

只有敢于探索敢于创新,才能成果迭出,常创常新。20世纪60年代初期,中国正遭受严重的自然灾害,饱尝饥饿滋味的袁隆平,决心投身祖国的农业研究。他打破了世界性的自花授粉作物育种的禁区,提出了水稻杂种优势利用的观点,成为最早开创水稻杂种优势利用研究的科学家。正是他的这种独创性思维和胆识,使杂交水稻这一创新性成果不仅解决了中国的粮食需求问题也为全球水稻生产做出了贡献。

1.2.2 创新对企业的意义

当今世界瞬息万变,只有不断创新,企业才能求得长远的发展。当今时代是知识经济时代,是网络经济时代,也是信息经济时代,以创新谋求发展已经成为企业发展的必由之路。而且变化的速度越来越快,"不创新就死亡"已经悄然成为世界商业的游戏规则。对企业而言,创新成果也可以转化为企业的收入和利润。爱迪生曾说:"卖不出去的东西,我本不想去发明。销售是有用的证据,有用代表着成功。"伊尔梅特说:"没有客户的创新是没有意义的,那根本不是创新。"因此,真正的创新应该能够改变企业所处的境况,包括市场、顾客、竞争和社会等方方面面。

一些新兴的企业利用创新迅速崛起成为享誉世界的知名企业。比尔·盖茨正是凭借开发个人微型计算机这个创新的想法和包括计算机操作系统在内的一系列创新,使个人计算机成了日常生活用品,并因此改变了每一个现代人的工作、生活乃至交往的方式,使微软赢得计算机软件业的霸主地位。至今,比尔·盖茨缔造的微软帝国仍然创造着巨额的利润,它的霸主地位仍然没有一家公司能够撼动。

一些老牌企业正在强化自身的创新能力以创造更高的利润。中国的万向集团创立于1969年,它能够在40多年的经济大潮中存活到现在并非偶然,主要是因为万向走的是有自己特色的创新之路,始终坚持把提高自主创新能力摆在增强企业核心竞争力的首要位置,因此万向实现了40年持续稳定的经济增长。而该集团的创始人鲁冠球也被称为"企业家常青树"。雷富礼自从2000年6月出任宝洁公司CEO开始就把"让创新融入宝洁所开展的一切活动"作为自己的主要任务,从而挽救了正在衰落的宝洁,到2007年他创造了营业利润率提高4%,利润额增长两倍多,营业额翻倍达到8亿美元的业绩,并且使宝洁的"十亿元级品牌"从10个增加到23个。

创新可以让企业主动出击并且更快更深地切入市场。戴尔公司借助创新的业务模式,采用向消费者直销并且按订单生产的经营方式,取得了巨大的成功。招商银行通过服务创新、产品创新和思路创新赢得了巨大的客户和"本土最佳私人银行"等奖项。海尔在张瑞敏的带领下营造了一个创新型的海尔文化,使海尔从众多的竞争者中脱颖而出并逐渐成为一个世界级的品牌。华为,一个完全意义上的民营公司,能够快速成长为全球通信行业的领导者,主要依靠的是什么?答案就是"创新"!"创新"促使华为从一个弱小的、没有任何背景支持的民营企业快速地成长、扩张成为全球通信行业的领导者。华为的创新是全方位的创新,其中最重要的是理念创新。华为的理念创新最核心的是"核心价值观"创新——以客户为中心,以奋斗者为本,长期坚持艰苦奋斗,坚持自我批判。

可以预见,不能持续稳定地进行创新的企业必将走向衰落,所以企业的领导者们除了创新别无选择。但大多数企业的创新观念仍然十分落后,这些企业的生存年限也十分短暂。因此中国的企业要想走出国门、走向世界,还有很长的一段创新路要走。为了营造创新文化,企业领导者必须建立一个长远的战略、一个创新的团队、一个把创新推向市场的流程和一个支持创新的组织机构。

1.2.3 创新对个人的意义

创新能让人有成就感、价值感、自豪感,是人生情怀的一种追求。作为在校的大学生,除了要学好自己的专业技能,还要运用自己的专业知识进行创新,参加一些创新活动。比较好的创新活动包括"挑战杯"全国大学生课外学术科技作品竞赛,它被誉为中国大学生创业创新类比赛的"奥林匹克"盛会;全国大学生数学建模竞赛,它已成为全国高校规模最大的基础性学科竞赛,也是世界上规模最大的数学建模竞赛;全国大学生电子设计竞赛,它是大学生学科竞赛之一,也是面向大学生的群众性科技活动,目的是推动高等学校信息与电子类学科课程体系和课程内容的改革。这些活动都能够为全国高校学生提供一个非常好的自我展示的平台,提升自我价值。

1.3 创新与发展

我国科技发展的方向就是要创新、创新、再创新。实施创新驱动发展战略,最根本的是要增强自主创新能力,最紧迫的是要破除体制机制障碍,最大限度地解放和激发科技作为第一生产力所蕴藏的巨大潜能。要坚定不移地走中国特色自主创新道路,坚持自主创新、重点跨越、支撑发展、引领未来的方针,加快创新型国家建设步伐。

1.3.1 创新是引领发展的第一动力

创新是历史前进的车轮,是时代发展的动力。"五大发展理念"之首是"创新"。习近平总书记在党的十九大报告中指出,创新是引领发展的第一动力,是建设现代化经济体系的战略支撑。由此可见,在激烈的国际国内竞争中,唯创新者胜。

自力更生是中华民族自立于世界民族之林的奋斗基点,自主创新是我们攀登世界科技高峰的必由之路。科学技术是世界性的、时代性的,发展科学技术必须具有全球视野。要准确把握重点领域科技发展的战略机遇,选准关系全局和长远发展的战略必争领域和优先方向,通过高效合理配置,深入推进协同创新和开放创新,构建高效强大的共性关键技术供给体系,努力实现关键技术重大突破,把关键技术掌握在自己手里。

核心技术是国之重器,最关键最核心的技术要立足自主创新、自立自强。只有把核心技术掌握在自己手中,才能真正掌握竞争和发展的主动权,才能从根本上保障国家经济安全、国防安全和其他安全。真正的核心技术是买不来的,不能总是依赖他人的科技成果来提高自己的科技水平,更不能做其他国家的技术附庸。

1.3.2 谋创新就是谋未来

抓创新就是抓发展,谋创新就是谋未来。不创新就要落后,创新慢了也要落后。要激发调动全社会的创新激情,持续发力,加快形成以创新为主要引领和支撑的经济体系和发展模式。要积极营造有利于创新的政策环境和制度环境,对看准的、确需支持的,政府可以采取一些合理的、差别化的激励政策。

在近代史上,我们受够了落后挨打的苦;改革开放以来,我们也吃够了创新不足受制于人的亏。当下,新一轮科技革命和产业变革正在孕育兴起,世界主要国家纷纷抢占未来先机,未来综合国力的竞争依然是创新的竞争。着眼于此,"十三五"规划的建议也传递出一个强烈的信号:我们不再津津乐道于后发优势,而要更多发挥先发优势的引领。我们再不能用别人的昨天来装扮自己的明天,必须要迎头赶上、奋起直追、力争超越。

尽管我国科技创新对经济发展的贡献率、我国对外技术的依存度与国际公认的创新型国家相比仍有较大差距,但总体来看,实施创新驱动发展战略,我们已经有了坚实的基础。比如,研发投入占国内生产总值(GDP)的比重达 2.09%,与中等发达国家相当;我国研发队伍规模居世界第一位,SCI 论文数量居世界第二位,发明专利居世界第三位,等等。我国科技创新水平正由跟跑、并行为主向并行、领跑为主转变。

1.3.3 加快实施创新驱动发展战略

创新始终是推动一个国家、一个民族向前发展的重要力量。我国是一个发展中大国,正在大力推进经济发展方式转变和经济结构调整,必须把创新驱动发展战略实施好。实施创新驱动发展战略,就是要推动以科技创新为核心的全面创新,坚持需求导向和产业化方向,坚持企业在创新中的主体地位,发挥市场在资源配置中的决定性作用和社会主义制度优势,增强科技进步对经济增长的贡献度,形成新的增长动力源泉,推动经济持续健康发展。创新驱动发展战略有两层含义:

① 中国未来的发展要靠科技创新驱动,而不是靠传统的劳动力以及资源能源驱动;
② 创新的目的是驱动发展,而不是发表高水平论文。

实施创新驱动发展战略,对我国形成国际竞争新优势、增强发展的长期动力具有战略意义。改革开放 40 年来,我国经济的快速发展主要源于发挥了劳动力和资源环境的低成本优势。进入发展的新阶段,我国在国际上的低成本优势逐渐消失。与低成本优势相比,技术创新具有不易模仿、附加值高等突出特点,由此建立的创新优势持续时间长、竞争力强。实施创新驱动发展战略,加快实现由低成本优势向创新优势的转换,可以为我国持续发展提供强大动力。

实施创新驱动发展战略,对我国提高经济增长的质量和效益、加快转变经济发展方式具有现实意义。科技创新具有乘数效应,不仅可以直接转化为现实生产力,而且可以通过科技的渗透作用放大各生产要素的生产力,提高社会整体生产力水平。实施创新驱动发展战略,可以全面提升我国经济增长的质量和效益,有力推动经济发展方式的转变。

实施创新驱动发展战略,对降低资源能源消耗、改善生态环境、建设美丽中国具有长远意义。实施创新驱动发展战略,加快产业技术创新,用高新技术和先进适用技术改造提升传统产业,既可以降低消耗、减少污染,改变过度消耗资源、污染环境的发展模式,又可以提升产业竞争力。

实施创新驱动发展战略是一个系统工程。要深化科技体制改革,破除一切制约科技创新的思想障碍和制度藩篱,处理好政府和市场的关系,推动科技和经济社会发展深度融合,打通从科技强到产业强、经济强、国家强的通道,以改革释放创新活力,加快建立健全国家创新体系,让一切创新源泉充分涌流。要着力加快制定创新驱动发展战略的顶层设计,改革国家科技创新战略规划和资源配置体制机制,深化产学研合作,加强科技创新统筹协调,加快建立健全各主体、各方面、各环节有机互动、协同高效的国家创新体系。要着力围绕产业链部署创新链、围绕创新链完善资金链,聚焦国家战略目标、集中资源、形成合力,突破关系国计民生和经济命脉的重大关键科技问题。

1.4 中国的创新瓶颈

尽管我国的教育有着悠久的历史,自改革开放以来,我国也开始着力培育创新意识,但为什么我们的大学很难培养出具有很强适应性、创造性的人才,更难培养出大师呢?首先,当代大学生所处的环境不利于他们发挥创新的能力;其次,创新环境的缺失导致大学生创新意识和思维的匮乏;再次,大学生自身能力不足,缺乏创新需要具备的一些基本能力;最后,国家相关的政策支持也是不容忽视的一个因素。因此,下面主要从创新环境、创新意识、创新能力、创新政策四个方面对现存的创新瓶颈进行分析。

1.4.1 创新环境

党的十八大之后,我国实施创新驱动发展战略,将创新摆在国家发展全局的核心位置,建设知识产权强国新目标的提出,将国家知识产权战略的实施推向深入,我国知识产权事业进入新的历史阶段。这些有利条件均有力地促进了知识产权创造数量、质量、效率的增长。虽然我国知识产权国际地位快速提升,但发展不均衡现象严重。造成我国知识产权发展不均衡现象的原因有以下几点。

(1) 社会环境的影响

网络是一把双刃剑,网络在使人的生活变得方便快捷的同时,也助长了人们的惰性,网络使大学生越来越懒惰,不爱思考问题。"互联网+"在现实中的运用使大学生受到了这种隐形"快餐文化"的影响。网络包罗万象,无论大学生想知道什么,只要敲击几下键盘,在网上搜索一下,便可以不动脑筋地将别人的观点和看法照搬照抄过来(图1-5)。久而久之,这样的抄袭使大学生在遇到问题时不主动思考解决的办法,遏制了大学生创新意识的发挥。

图1-5 "互联网+"成了大学生完成各科作业、各类论文的法宝

(2) 传统家庭教育的失误

人总是在家庭中接受最初的教育,创新意识的萌芽通常也是在家庭中培育出来的,家庭教育方式对大学生创新意识的培养、创新力的发挥起到了基础性的作用。调查数据显示,中国有6 000万个家庭的父母承认自己是失败的家长,虽然有些家长也重视家庭教育,希望子女能够学到更多的知识,并健康成长,但是,在传统压制型、溺爱型的家庭教育

方式下,子女对父母的依赖性越来越强,几乎对父母言听计从(图1-6)。在这种机械性服从父母命令的家庭教育方式下,孩子很难有机会主动思考问题,提出自己的想法,这就不可避免地导致孩子不爱动脑思考问题,缺乏创新性,创造力下降。

图1-6　父母为子女包办一切

(3) 高校教育存在的弊端

学校教育是一种有目的、有组织、有计划、系统科学的教育形式,在培养大学生的创新意识、开发大学生的创新潜能方面比家庭教育更具影响力。教育部学校规划建设发展中心主任陈锋指出:"高等学校要不断提高人才培养的质量和社会适应性,同时也要加强对学生的创新意识、创新精神和创业能力的培养。"分析改革开放以来我国高校在培养大学生创新意识方面所做的努力,可以看出以下几点问题:首先,在传统高校办学理念的制约下,大学生创新意识得不到充分发展,创新能力得不到充分发挥;其次,以"教师中心""学科中心""课堂中心"为标志的高校灌输式教育方式,忽视了学生的情感因素,导致大学生知识面狭窄、缺乏质疑精神;最后,高校的评价体系存在明显的缺陷。

1.4.2　创新意识

马克思主义哲学认为,内因是事物发展变化的根据,它规定了事物发展的基本趋势和方向;外因是事物发展变化不可缺少的条件,外因的作用无论多大,也必须通过内因才能起作用。由此可见,在培养大学生创新意识中大学生积极主动的后天学习不可忽视、无可替代。因此,创新型人才的培养除了要依靠家庭、学校和社会的外源性动力,同样也离不开大学生自身创新意识提高的内源性动力。我国大学生缺乏创新意识的原因有以下几点。

(1) 缺乏好奇心

根据资料显示,我国高校大学生对创新的概念有一定的认知度,也愿意用积极的态度去创新,觉得创新是自己应该拥有的一种能力,但大多数学生在传统的教育模式下逐渐变得缺乏好奇心(图1-7)。众所周知,好奇心能够激发人们对周围世界产生求知欲,并诱使人们对未知现象进行探索研究,从而丰富人们自身的阅历知识。好奇心是使大学生具有创新意识的一个重要因素。

图 1-7　缺乏好奇心

（2）缺少质疑品质

学起于思，思源于疑。学习的过程实际上是一个不断产生疑问并解决疑问的过程。没有对常规的挑战，就没有创造，而对常规的挑战的第一步就是提问。有人曾说"打开一切科学大门的钥匙都毫无疑问的是问号"。因此，大学生要有质疑的精神，遇到任何事情、任何问题，哪怕是自己以前知道的知识，只要涉及新的内容，就要进行质疑，要多问自己为什么，并千方百计寻找答案。如图 1-8 所示，当我们盯着白色的点看时，我们会怀疑它们到底是白色的还是黑色的。

图 1-8　会动的静态图

（3）过度依赖权威或专家

大学生对于某一问题充满质疑时往往表现出的是迷信专家或者权威，对自己的观点缺乏自信，不敢表露自己独到的见解，自己的创新意识也就被埋没了（图 1-9）。如果大学生可以将自己的想法与别人进行讨论，那么就可以促进和激发一个人的创新意识活动。爱因斯坦的相对论就是起源于他在就读苏黎世大学时，经常与志同道合者进行的激烈讨论。

图 1-9　过度依赖权威或专家

1.4.3 创新能力

目前,尽管我国高校大学生的学习成绩普遍较好,但他们实际的创新能力却普遍较差,这已经是当今社会不争的事实。这表明大学生自身的创新能力水平有待提高。大学生创新能力的缺乏主要源于以下两个方面。

(1) 欠缺创新意识

许多学生经过12年寒窗苦读,有的甚至付出了童年的欢乐时光,才考上了理想的大学。他们能吃苦,有耐力,能克制。客观地说,这种刻苦学习的精神,如果在完成别人指定的某项任务时是一种好的精神、好的表现。只可惜这项任务由别人所定,而不是自己的创新想法。在成人长期指定任务的压抑下,学生们缺乏个性、好奇心、批判性和探索精神,缺乏创新性人才所具有的独创性、抗压性和自变性。而创新意识的形成,只有亲历创新实践,在成功与失败中才能得到塑造。所以,高校要加强大学生创新意识的培养。

(2) 缺乏技术课程

技术课程是培养学生自主创新精神和创业意识的重要课程,是一门实践性很强的课程。它能使学生不断地在"做中学"和"学中做"中获得丰富的操作经验,对提高其能力、丰富其知识、培养其创新能力、激发其创造热情有着重要意义。它能使学生在享受创造乐趣的同时,培养自己的创造性思维能力、辩证看待问题的能力和在实际操作中不断创新的能力,有利于形成积极主动、果断勇敢、团结合作、努力进取、自信自立等良好品质。实践证明,技术课程是培养学生创新精神和激发学生创造热情的重要载体和有效途径。

创新能力与创新智力属于不同的范畴。大量研究表明,创新能力和创新智力是两种不同的心理素质。智商高的人理性思维、逻辑思维能力强,但创新能力却有高有低;而智商低的人理性思维、逻辑思维能力弱,创新能力也同样低。因此,创新能力和创新智力不成正比例关系,在开发创新智力的同时,对创新能力的培养并不能完全被替代。因此,创新意识的培养教育,要设法引导学生自己发现问题,提出问题并解决该问题,在这一实践过程中培养大学生应该具备的创新意识,提高创新能力。下面是创新能力测试题,学生可以不看答案做一遍,然后对照答案看一下自己的创新能力在什么水平。

创新能力测试题

下面是10个题目,如果符合你的情况,则回答"是",不符合则回答"否",拿不准则回答"不确定"。

1. 你认为那些使用古怪和生僻词语的作家,纯粹是为了炫耀。
2. 无论什么问题,要让你产生兴趣,总比要让别人产生兴趣困难得多。
3. 对那些经常做没把握事情的人,你不看好他们。
4. 你常常凭直觉来判断问题的正确与错误。
5. 你善于分析问题,但不擅长对分析结果进行综合、提炼。
6. 你审美能力较弱。
7. 你的兴趣在于不断提出新的建议,而不在于说服别人去接受这些建议。
8. 你喜欢那些一门心思埋头苦干的人。

9. 你不喜欢提那些显得无知的问题。
10. 你做事总是有的放矢,不盲目行事。

评分标准

题号	"是"评分	"不确定"评分	"否"评分
1	−1	0	2
2	0	1	4
3	0	1	2
4	4	0	−2
5	−1	0	2
6	3	0	−1
7	2	1	0
8	0	1	2
9	0	1	3
10	0	1	2

评价

得分22分及以上,说明被测试者有较高的创造思维能力,适合从事环境较为自由,没有太多约束,对创新性有较高要求的职位,如美编、装潢设计、工程设计、软件编程等。

得分21~11分,说明被测试者善于在创造性与习惯做法之间找到平衡,具有一定的创新意识,适合从事管理工作,也适合从事其他与人打交道的工作,如市场营销。

得分10分及以下,说明被测试者属于循规蹈矩的人,做事总是有板有眼,一丝不苟,适合从事对纪律性要求较高的职位,如会计、质量监督员等。

1.4.4 创新政策

我国以往的教育模式之所以不利于创新人才的培养,除上述原因外,从根本上还在于我国在教育领域缺乏鼓励创新的评估机制和选拔制度。

首先,在评估机制方面。在我国现有对高校的评估机制作用下,高校为了能获得一个好的评估等级,大量在建设校园硬环境上下功夫。因此,有学者指出这种评价方式"主要是靠公文和报表,而不是靠由社会中介组织提供的客观信息"。

其次,在人才选拔制度方面。高考一直是我国高校获取生源的重要途径,除了个别保送生、特长生之外,高校完全凭借唯一的一次考试成绩作为录取标准(图1-10)。然而,在现实生活中,真正全面掌握各方面知识的人才屈指可数,却有相当一部分人是奇才、偏才、怪才。文学大师钱锺书在考取清华大学时,数学仅仅得了15分;历史学大师吴晗在考取清华大学时,数学却以0分交卷;作家韩寒在就读于上海松江二中时,虽然在文学创作上取得了一定的成就,但是其他几门课程几乎都难以及格。但是,没有人能否认以上三人在各自领域所取得的成就。可见,这种以总分定终身的选拔标准,难以使具有创新意识的人才脱颖而出。

图 1-10　高考是我国高校获取生源的重要途径

随着近几年国家大力倡导"双创",我国的创新领域在国家的大力推动下有了很大的进步。据新华社报道,世界知识产权组织和康奈尔大学等机构联合发布了 2017 年全球创新指数报告,中国的国际排名从 2016 年的 25 位升至 22 位,成为唯一进入前 25 名的中等收入国家。专家表示,这一成绩得益于创新驱动发展政策导向的结果,显示出中国"令人惊艳的创新表现"。据了解,2017 年全球创新指数通过 81 项指标,对全球 127 个经济体的创新能力和可衡量成果进行评估。指标体系的 81 项指标分为制度、人力资本与研究、基础设施、市场成熟度、商业成熟度、知识与技术产出、创意产出七大类。

本 章 小 结

本章主要从创新的定义、创新的意义、创新与发展以及中国的创新瓶颈这四个方面进行介绍,并在每一个方面又分为不同的角度来具体阐述。

就创新定义而言,分别从社会学、经济学、哲学三个角度来解释。

就创新的意义而言,分别从创新对社会、企业、个人的意义三个层面来阐述。

就创新与发展而言,分别从创新是引领发展的第一动力、谋创新就是谋未来以及加快实施创新驱动发展战略三个方面描述创新与发展的内在关系。

就中国的创新瓶颈而言,分别从创新环境、意识、能力以及政策四个方面来介绍我国在创新过程中遇到的瓶颈。

本章思考题

1. 什么是创新?如何理解创新?
2. 创新对社会、企业及个人有什么意义?
3. 当前我国大学生的创新意识存在哪些问题?

第 2 章 创新方法

创新方法是人们在创造发明、科学研究或创造性解决问题的实践活动中所采用的有效方法和程序的总称。其根本作用在于根据一定的科学规律，启发人们的创造性思维，提升人们的创新效率。本章主要介绍欧美国家、日本和我国的主要创新方法。

2.1 欧美国家的主要创新方法研究

2.1.1 智力激励法

智力激励法又叫头脑风暴法或 BS(Brain Storming)法，是指一组人员通过召开特殊的专题会议形式，对某一特定问题，与会成员之间互相交流、互相启迪、互相激励、互相修正、互相补充、集思广益，从而达到产生大量新设想的集体性发散方法。它是世界上最早付诸实践的创新方法，此法经各国创造学研究者的实践和发展，至今已经形成了一个发明技法群。

智力激励法的实施需要遵循以下四项原则，如图 2-1 所示。

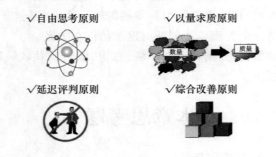

图 2-1 智力激励法的原则

(1) 自由思考原则

要充分发挥自己的想象力，运用发散思维，不要考虑所想的问题是否符合常规、逻辑或规范。

(2) 延迟评判原则

对大家所提出来的点子、创意，相互之间不得评判，更不能提反对意见。

(3) 以量求质原则

只要量有了，质自然就有了。先求数量，再考虑质量，这是明智的选择。

(4) 综合改善原则

把别人提出来的设想加以综合改善并发展成新设想,即利用别人的想法来开拓自己的思路。

1. 奥斯本智力激励法

奥斯本智力激励法的实施流程如图 2-2 所示。

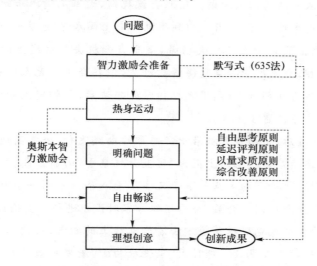

图 2-2　奥斯本智力激励法的实施流程图

【案例】

解决积雪压断电线问题

大家都听过"盲人摸象"的故事,同一个大象,为什么盲人们得出的结论是不一样的? 如果把大象比作一个未知的事物,那么我们大家就都成了"盲人"。正因为每个人的具体情况不一样,看问题的方式方法不一样,所以得出的结果也会不一样。国外研究表明,在群体活动中,人的智力的激发程度能增强 50% 以上,而自由联想的效率能提高 65%～93%。

同样地,接下来这个例子(图 2-3)能很好地展现奥斯本智力激励法的优势及实用性。

图 2-3　电线上的严重积雪

有一年美国北方格外寒冷,大雪纷飞,电线上积满冰雪,大跨度的电线常被积雪压断,严重影响了通信。许多人试图解决这一问题,但都未能如愿以偿。后来,电信公司经理应用奥斯本智力激励法,解决了这一难题。

他召开了一次能让头脑卷起风暴的座谈会,参加会议的是不同专业的技术人员,要求他们必须遵循智力激励法的四项原则。按照会议规则,大家七嘴八舌地议论开来。有人提出设计一种专用的电线清雪机,有人想到用电热来化解冰雪,也有人建议用振荡技术来清除积雪,还有人提出能否带上几把大扫帚,乘坐直升机去扫电线上的积雪。对于这种"坐飞机扫雪"的设想,大家尽管心里觉得滑稽可笑,但在会上也无人提出批评。相反,有一位工程师在百思不得其解时,听到用飞机扫雪的想法后,大脑突然受到冲击,一种简单可行且高效率的清雪方法冒了出来。

他想,每当大雪过后,出动直升机沿积雪严重的电线飞行,依靠高速旋转的螺旋桨即可将电线上的积雪迅速扇落。他马上提出"用直升机扇雪"的新设想,顿时又引起其他与会者的联想,有关用飞机除雪的主意一下子又多了七八条。不到一小时,与会的10名技术人员共提出90多条新设想。会后,公司组织专家对设想进行分类论证。专家们认为设计专用清雪机,采用电热或电磁振荡等方法清除电线上的积雪,在技术上虽然可行,但研制费用大,周期长,一时难以见效。那种因"坐飞机扫雪"激发出来的几种设想,倒是一种大胆的新方案,如果可行,将是一种既简单又高效的好办法。经过现场试验,发现用直升机除雪真能奏效,一个久悬未决的难题,终于在头脑风暴会中得到了巧妙解决。

由上例可见,所谓头脑风暴会,实际上是一种智力激励法。电信公司经理借用这场会议让与会者敞开思想,使各种设想在相互碰撞中激起脑海的创造性"风暴"。发明创造的实践表明,真正有天资的发明家,他们的创造性思维能力比平常人优越得多。但天资平常的人,如果能相互激励,相互补充,引起思维"共振",也会产生出不同凡响的新创意或新方案。

2. 默写式智力激励法

默写式智力激励法又称"635"法、默写式头脑风暴法,是德国人鲁尔巴赫根据德意志民族习惯于沉思的性格提出来的,该方法针对奥斯本智力激励法中数人争着发言易使点子遗漏的缺点,设计为参与讨论的人把设想记在卡片上。奥斯本智力激励法虽规定严禁评判,让参与者自由奔放地提出设想,但有的人对于当众说出见解犹豫不决,有的人不善于口述,有的人见别人已发表与自己的设想相同的意见就不发言了。默写式智力激励法可弥补这些缺点。其具体做法是:每次会议由6人参加,每人书面提出3个设想,要在5分钟内完成,所以又称"635"法,然后由左向右传递给相邻的人。每个人接到卡片后,在第2个5分钟再写3个设想,然后再传递出去。如此传递6次,半小时即可完成,可产生108个设想。

默写式智力激励法的具体程序如图2-4所示。

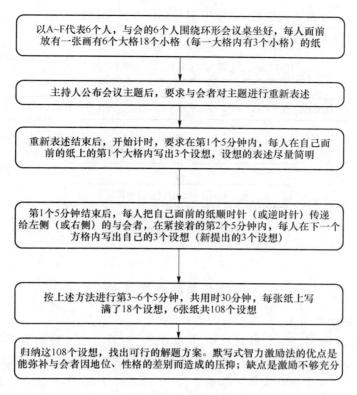

图 2-4 默写式智力激励法的流程

【案例】

奔驰汽车的成功

戴姆乐-奔驰汽车在国内市场中一直享有良好的声誉,该汽车公司成功运用默写式智力激励法展示自己的产品。该公司为了使汽车的质量、造型、功能及维修服务等方面更满足顾客的要求,总经理召开了"默写式智力激励会",会上提出了大量有价值的设想和方案,制定了使质量首屈一指,并以质量取胜为首要目标的开发与竞争战略。奔驰汽车公司采用"默写式智力激励法"收集设想和方案,对车型工艺进行了大胆的创新。先后设计和研制出"纽尔堡480"式8缸8座汽车、"梅尔塞斯400""梅尔塞斯600"型高级轿车。奔驰公司生产的车辆从一般小轿车到255吨大型载重车共160种,3 700种型号。"以创新求发展"是公司上下的一句流行口号。

2.1.2 形态分析法

形态分析法是美国加州理工学院教授兹威基首创的一种方法。它是根据形态学来分析事物的方法,其特点是把研究对象或问题,分为一些基本组成部分,然后对某一个基本组成部分单独进行处理,分别提供各种解决问题的办法或方案,最后形成解决整个问题的总方案。这时会有多个总方案,因为是通过不同的组合关系而得到不同的总方案。所有总方案中的每一个方案是否可行,必须采用形态学方法进行分析。

形态分析法的步骤如图 2-5 所示。

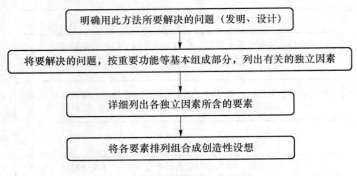

图 2-5　形态分析法的流程

【案例】

拉链头装配方案设计

1. 形态分析法的引入

自动装配机由理料、隔料、给料机构、装配机构、卸料机构和控制装置等组成,各组成部分的具体结构和配置取决于装配的方法,而装配方法又取决于各装配零件在装配过程中的形状与姿态。由于拉链头各装配零件(图 2-6)尺寸小,装配难度大,因此拉链头自动装配机设计成功与否的关键在于选择好拉链头各零件在装配时的装配形态。形态分析法为如何确定零件的装配形态提供了帮助。

图 2-6　拉链头的组成

2. 设计方法

(1) 确定研究课题为拉链头自动装配方案

该装配方案中包含将铜马、拉片和盖帽准确装入本体中,并完成盖帽的冲紧等工序。

(2) 要素提取

确定的基本要素在功能上是相对独立的。本研究课题的基本要素有 4 个,如图 2-7 所示。

(3) 形态分析

列出各要素全部形态。经研究分析本体有 7 种可能的形态,铜马有 7 种可能的形态,拉片有 6 种可能的形态,盖帽有 5 种可能的形态。

(a) 本体(P_1)　(b) 铜马(P_2)　(c) 拉片(P_3)　(d) 盖帽(P_4)

图 2-7　拉链头基本要素

(4) 编制形态表

要素以 i 表示，要素形态以 j 表示，每个要素的具体形态用符号 P_i^j 表示。形态分析图如图 2-8 所示。

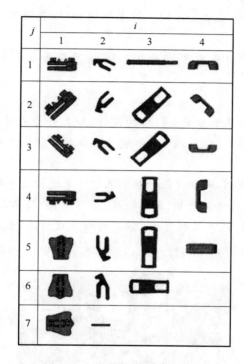

图 2-8　拉链头装配形态分析图

(5) 形态组合

按照对设计对象的总体功能的要求，分别将各要素以不同形态方式进行组合，如图 2-9 所示，以获得尽可能多的设计方案。按照图 2-9 的组合规律，考虑装配可能性，最终组合出 7 种有装配可能性的方案，如图 2-10 所示。

$$P_1^2 P_2^1 P_3^1 P_4^1 \quad P_1^3 P_2^1 P_3^1 P_4^1 \quad P_1^6 P_2^7 P_3^6 P_4^5 \quad P_1^1 P_2^1 P_3^2 P_4^1$$

图 2-9　组合规律

方案1　方案2　方案3　方案4
$\boxed{P_1^1 P_2^1 P_3^1 P_4^1}$、$\boxed{P_1^1 P_2^3 P_3^3 P_4^1}$、$\boxed{P_1^3 P_2^3 P_3^1 P_4^2}$、$\boxed{P_1^4 P_2^4 P_3^1 P_4^3}$
方案5　方案6　方案7
$\boxed{P_1^5 P_2^6 P_3^4 P_4^4}$、$\boxed{P_1^7 P_2^7 P_3^6 P_4^5}$、$\boxed{P_1^5 P_2^6 P_3^1 P_4^4}$

图 2-10　7 种有装配可能性的方案

(6) 方案筛选

在实践中发现，形态组合仅从各零件的装配可能性出发，组合得到尽可能多的装配方案。但在实际设计中，光凭装配的可能性并不能说明是有实用价值的装配方案，因此还必须根据设计的要求对上述 7 种装配方案进行进一步的筛选。

经分析，在拉链头的装配中，最关键的是如何将铜马和拉片准确地装入本体中。由于拉链头的尺寸很小，其装配应考虑使自动装配机的执行机构有足够的装配精度和可靠性。

先从铜马的装配过程来筛选，上述几种方案中第 1 种方案经试验证明，如果拉片和铜马是自由落体掉入本体内的，即使这个下落距离非常小，也会因为碰撞造成弹出或倾斜等问题。所以，方案 1 不符合要求。方案 4 的本体倒放，给其他零件的定位和装配造成困难，也不符合设计要求。

再从拉片等的安装方面来考虑，经分析比较，逐步筛选出第 3 种和第 7 种为有效装配方案。

(7) 初步设计

对经过筛选后得到的装配方案进行结构设计，如上料滑道设计、隔料机构设计、驱动装置设计及检测控制方案的制定，以便进行更为具体的分析和比较。

(8) 方案优化

根据装配机设计的原则，对初步设计后的装配方案进行进一步分析比较，并通过一定的试验，选出最佳方案。从保证质量、装配快捷、操作方便、结构简单等几方面考虑，方案 7 的各部分安装位置较适当，且装配可靠性高、结构简便紧凑，最后该方案被选为最终设计方案（图 2-11）。

图 2-11　方案 7 装配机构的三维设计图

2.1.3　思维导图法

思维导图，又叫心智图，是表达发散性思维有效的图形思维工具。它运用图文并重的技巧，把各级主题的关系用相互隶属与相关的层级图表现出来，把主题关键词与图像、颜色等建立记忆链接。思维导图充分运用左右脑的机能，利用记忆、阅读、思维的规律，协助人们在科学与艺术、逻辑与想象之间平衡发展，从而开启人类大脑的无限潜能。思维导图因此具有人类思维的强大功能。

绘制思维导图并不像想象的那样复杂，所需要的工具有：A4 白纸一张、彩色水笔和铅笔。

1. 绘制步骤

思维导图绘制步骤如图 2-12 所示。

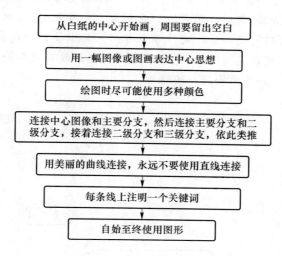

图 2-12　思维导图绘制步骤

2. 思维导图绘制方法

前文简单地叙述了思维导图的绘制步骤，图 2-13 所示是具体的作图规则。

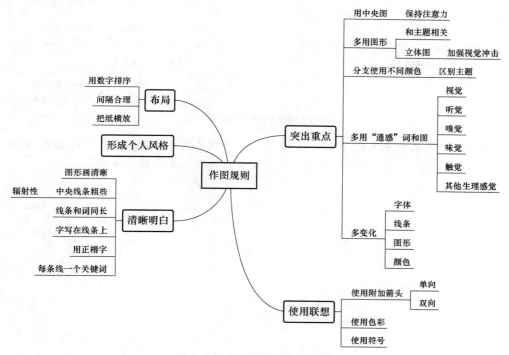

图 2-13　思维导图的作图规则

【案例】

暑期夏令营及网络安全发展与未来

暑期夏令营的思维导图如图 2-14(a)所示。暑期夏令营是一项能够提升学生团队合作意识和综合素质的活动，有利于学生的全面发展。一般来说，暑期夏令营的思维导图，主要包括集训营、学习研讨课和进阶安排 3 个部分。其中集训营包括时间、地点、课程安排和课程目的，学习研讨课包括时长、时间、内容安排、课程目的和授课方式，进阶安排包括目的、导图竞赛、精英种子班和进一步培训。

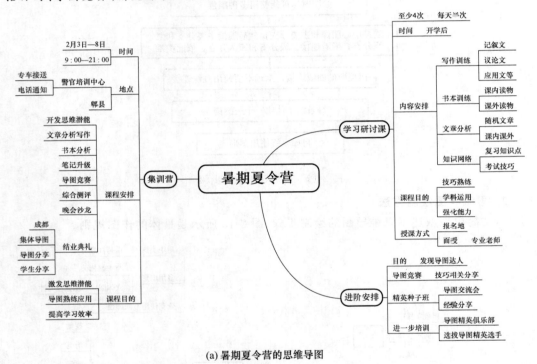

(a) 暑期夏令营的思维导图

网络安全发展与未来的思维导图，主要包括我国互联网安全主要涉及的内容、典型攻击、攻击发展趋势、防御发展趋势、动态安全综合防御体系和面临的挑战。

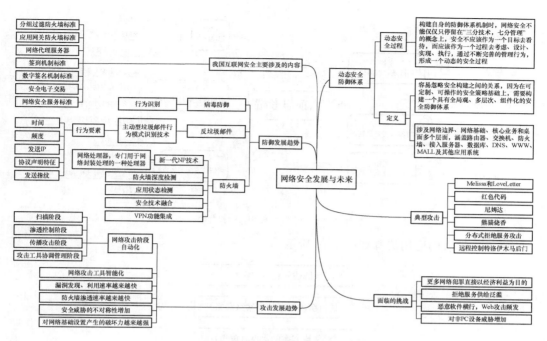

(b) 网络安全发展与未来的思维导图

图 2-14　思维导图法案例

2.1.4　思考六帽法

所谓思考六帽法,是指使用六种不同颜色的帽子代表六种不同的思维模式。思考六帽法是平行思维工具,是创新思维工具,也是人际沟通的操作框架,更是提高团队智商的有效方法。任何人都有能力使用以下六种基本思维模式:白色是中立而客观的,戴上白色思考帽,人们关注的是客观事实和数据;绿色代表茵茵芳草,象征勃勃生机,绿色思考帽寓意创造力和想象力,它具有创造性思考、头脑风暴、求异思维等功能;黄色代表价值与肯定,戴上黄色思考帽,人们从正面考虑问题,表达乐观的、满怀希望的、建设性的观点;戴上黑色思考帽,人们可以运用否定、怀疑、质疑的看法,合乎逻辑地进行批判,尽情发表负面的意见,找出逻辑上的错误;红色是情感的色彩,戴上红色思考帽,可以表达自己的情绪,还可以表达直觉、感受、预感等;蓝色思考帽负责控制和调节思维过程,负责控制各种思考帽的使用顺序,它规划和管理整个思考过程,并负责做出结论。思考六帽法的具体内容如图 2-15 所示。

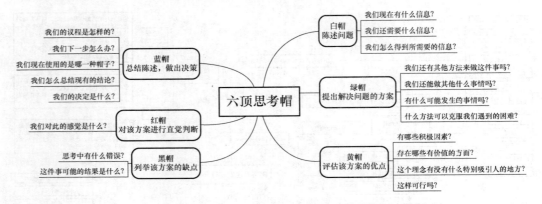

图 2-15　思考六帽法具体内容

思考六帽法的应用流程如图 2-16 所示。

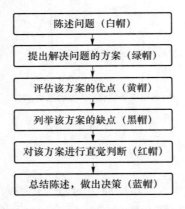

图 2-16　思考六帽法的应用流程

【案例】

办公室中台式个人计算机运行速度缓慢的解决

蓝帽：目前办公用台式个人计算机存在使用年限长、运行速度慢的问题，本次会议讨论解决方案，先通过白帽介绍情况。

白帽：

(1) 随着软件的增多，软件占用的计算机资源也增多。当前就要上的 AD 域，部分设备将不能满足（要求内存大于等于 1 GB），而 2008 年、2009 年的设备内存都在 1 GB 以下。

(2) 设备的更新要大于 3 年，满足设备更新条件的设备只能更新三分之一。

蓝帽：大家出出主意，怎么办？

绿帽：

(1) 根据设备折旧，是否可以调整设备折旧的期限；

(2) 是否可以采用笔记本式计算机代替台式个人计算机；

(3) 采取策略，每半年重装软件；

(4) 加装另一个硬盘,将操作系统装到这个新设备上;
(5) 采用虚拟化;
(6) 对人群进行分类,对发放策略进行调整;
(7) 采用新软件节省内存。

黑帽:现在更换笔记本式计算机预算不能达到。

蓝帽:这是黑帽,请先用黄帽讨论这些方案的可行性。

黄帽:
(1) 已进入新时代,笔记本式计算机是应该普及的设备,且更换设备端的配置能很好地满足需求;
(2) 配置升级、保护投资;
(3) 软硬件方面的调整,改善是最常用的方法,已在其他单位应用,效果不错。

蓝帽:现在讨论以上方法的局限性。

黑帽:
(1) 更换设备资金不足,不能满足需求;财务制度变革时间长;
(2) 目前使用的软件,不是正版,在台式个人计算机上不能使用;
(3) 重装软件耗费时间太长,有数百人的设备需要重装软件。

蓝帽:目前看,解决方案主要集中在配置升级和调整配置策略上,大家举手表决一下优先顺序。

红帽:表决顺序如下。
(1) 把少量更换台式个人计算机的机会留给更需要计算速度的员工。
(2) 其余员工利用硬件升级(加内存、硬盘),延长使用寿命,节约成本。
(3) 定期重装操作系统和应用软件(如一年左右)。
(4) 梯次更新。

蓝帽:本次会议经充分讨论,解除了员工的疑问,找出了具有高可操作性的方法。会议顺利结束,谢谢大家。

【点评】

这是成功利用思考六帽法进行工作问题探讨和改进的优秀经典案例。在这个案例讨论中主持人(蓝帽)发挥了积极的作用:首先,在序列的选择上非常得当,使会议简捷有效;其次,在会议中及时纠正不当的发言(例如,打断黑帽思考),保证了思维的步伐;最后,总结的结论很有实用价值。同时,参与讨论的人员在几个重点问题上讨论非常充分,体现了思考六帽法的优越性:白帽的数据很详细,绿帽的发散很丰富,黄帽和黑帽讨论充分,值得借鉴。

2.2　日本的主要创新方法研究

除美国之外,日本对创新方法的研究起步也较早。自1959年开始,日本的创新学者就开发了不少具有日本特色的创造方法。比较有代表性的有川喜田二郎提出的KJ法(卡片整理法)和中山正和提出的NM法(中山正和法)。此外,日本的创新方法还有片方善治提出的 ZK 法以及三菱树脂公司的 MBS 法。经过不断发展,日本的创新方法研究已经形成了自己的理论体系,并被社会广泛接受。

2.2.1 KJ 法

KJ 法又称 A 型图解法、亲和图法,它是由日本的川喜田二郎提出的一种质量管理工具,其中 KJ 是他姓名的英文 Jiro Kawakita 的缩写。KJ 法是将未知的问题、未曾接触过领域的问题的相关事实、意见或设想之类的语言文字资料收集起来,并利用其内在的相互关系做成归类合并图,以便从复杂的现象中整理出思路,抓住思想实质,找出解决问题新途径的一种方法。

1. 实施步骤

KJ 法的实施步骤如图 2-17 所示。

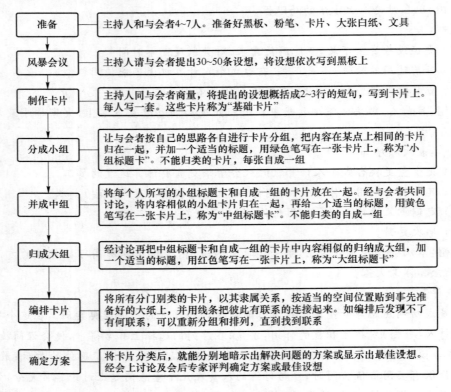

图 2-17 KJ 法的实施步骤

2. 运用范围

① KJ 法常用于生产管理活动,如图 2-18 所示。

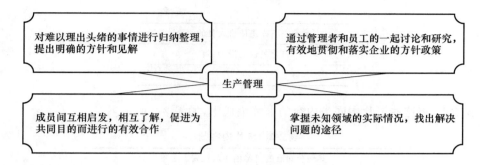

图 2-18 生产管理领域的应用

② 在全面质量管理活动中，KJ 法是寻找质量问题的重要工具，如图 2-19 所示。

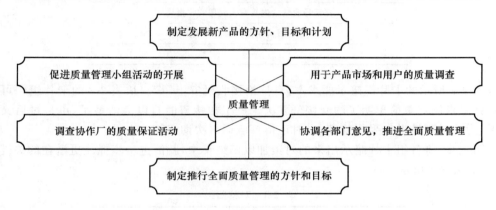

图 2-19 质量管理领域的应用

【案例】

日本某公司

日本某公司通信科科长偶尔直接或间接地听到科员对通信工作中的一些问题发牢骚，他想要听取科员的意见和要求，但因倒班的人员多，工作繁忙，不大可能召开座谈会。因此，该科长决定用 KJ 法找到解决科员不满的方案。

第一步，他注意听科员间的谈话，并把有关工作中问题的只言片语分别记到卡片上，每个卡片记一条，如表 2-1 所示。

表 2-1　卡片记录

卡片记录
有时没有电报用纸
有时未交接遗留工作
将电传机换个地方
接收机的声音嘈杂
查找资料太麻烦

续 表
改变一下夜班值班人员的组合
打字机台的滑动不良
…

第二步,将这些卡片中同类内容的卡片编成组,如表 2-2 所示。

表 2-2　卡片内容归类

其他公司有的已经给接收机安上了罩
因为接收机的声音嘈杂,所以如果将电传机换个地方
有人捂着一个耳朵打电话
在某号收纳盒内尚有未处理的收报稿
将加急发报稿误作普通发报稿处理
…

表 2-2 所示的卡片组暗示要求本公司"给接收机安上罩"。从表 2-3 的卡片组中可以了解到要求制定更简单明了的交接班方法。员工在接班时自以为清楚了,可是过后又糊涂了,为了对事情做出妥当处理,有时还得打电话再次询问相关人员。

第三步,将各组卡片暗示出来的对策加以归纳集中,就能进一步抓住更潜在的关键性问题,如表 2-3 所示。

表 2-3　对策归纳

因为每个季节业务高峰的时间区域都不一样,所以需要修改倒班制度
根据季节业务高峰的时间区域改变交接班时间
根据电车客流量高峰的时间确定交接班时间
…

科长拟定了一系列具体措施,又进一步征求乐于改进的科员的意见,再次做了修改,最后提出具体改进措施加以试行,结果皆大欢喜。

需要说明的是本例没有严格按照 KJ 法的程序进行。创新方法在实际应用时,往往不是一成不变地按程序进行。

2.2.2　NM 法

1970 年日本创造工程研究所所长中山正和教授创立了中山正和法(又称 NM 法)。后来,日本创造学家高桥浩对该方法进行了改进。所谓中山正和法,就是指优选出能反映发明目标本质的几个关键词后,进行扩散思维,想出多种实现关键词功能的方式或设想,再进行集中思维,优选出一种关键方式或设想,经过多次优选,直到综合出一种最优设计方案的创新方法。

1. NM 法的类型

NM 法依据不同的需要分为 5 种类型,如表 2-4 所示。

表 2-4 NM 法的类型

T(Takahashi)型（构想产出型）	通过模拟法进行创意引发，以扩散法实施
A(Area)型（空间结合型）	将大量因果关系相互结合，创造新观念
S(Seria)型（时间结合型）	将两个观点的因果关系加以联结产生新创意。例如，将数张载有观点性文字的卡片加入适当文字，组合成合理化故事
H(Hardware)型（硬件发明型）	适用于设备、工具等的发明及改良
D(Discover)型（问题发现型）	以很多事实资料发现问题重点，以假说方式创造新观点，组合卡片，以直觉判断结果

2. 利用 NM 法进行创造性活动必须具备的基本观念

(1) HBC 模型

中山正和认为人与动物最大的差别在于大脑机能的差异，动物进化过程可以说是大脑机能的进化史，有史以来动物大脑机能的进步可分为下列五个不同层次，也就是所谓的 HBC(Human Brain Computer)模型，也是利用 NM 法进行创造性活动所必须具备的基本观念。HBC 模型(表 2-5)五个层级虽有进化高低或机能发展迟早之分，但就高层动物而言，并非发展至最高层级机能时低层级机能即被淘汰，反之，两者是并存的。以人类而言，W.R(Word.Retrieve)层与 W.S(Word.Storage)层固为人类所专有，但另外更基本的 S→O(Stimulus→Output)层、I→O(Image→Output)层及 I.S(Image.Storage)层这三个层次仍同时存在。这三个层相当于大脑旧皮质(无意识反应)的作用，是人类创意的源泉。NM 法 T 型对创意的引发，即利用此旧皮质的作用。

表 2-5 HBC 模型

S→O	因刺激而反应，有刺激就有反应，无刺激则无反应。此情况下，大脑只具备转换器机能，是无意识的、肉体的学习，任何动物均具备此项本能，并不限于人类
I→O	因心像而反应，此情况较上述层次稍高。而非来自本身大脑的记忆。此种大脑机能并不限于人类，一般动物均具有
I.S	心像的储存或记忆，此情况较上述的层次更高。此处宜注意 I 与 S 之间并无 "→" 记号，因此时并非做转换器用，而是为类似做心像的储存记忆
W.S	即语言的储存或记忆，此情况较上述 I.S 层次更高，即不单以"心像"来记忆，更进一步以"语言"来记忆，这种大脑机能的特性为人类专有的特性，其他动物并无此种机能
W.R	W.R 言语检索为 HBC 模型的最高层次。言语检索仅靠 W.S 或 I.S 是不够的，人类因有这些 W.R 才能归纳，也才能了解老师所传授的法则，演绎也才有可能

(2) 辩证思考模式

除 HBC 模型外，NM 法另一个重要思考模式就是所谓"假说检定"的辩证思考模式，如图 2-20 所示。依中山正和的说法,对于任何问题的解决,如有"这样做应可解决问题吧"这种想法时,此想法即为"假说",而此假说即为"创意"(Idea)。

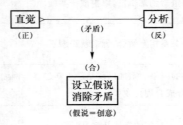

图 2-20 辩证思考模式图

首先,对于某问题想办法加以解决时,是因为在直觉上认为可以解决此问题,因为过去对类似问题已获得解决,而在意识上留下记忆印象,所以认为此问题也可获得解决。若无此直觉,就没有解决此问题的道理。

其次,为解决此问题必须进行各式各样的调查,并利用自己具备的知识进行分析。分析结果若与直觉无矛盾的地方,则此题目始终不成问题。问题之所以为问题是当此分析数据与直觉产生对立、矛盾时。

最后,继续分析下去,且具备足够知识时(越分析下去,需知识越多),终将可解决问题。当无法继续分析下去时,则必须在直觉与分析中设立假说,以消除两者之间的对立与矛盾。对立、矛盾越大,越需有飞跃性的假说,假说通常要经过多次尝试,才能获得事实的证明或认同。

3. NM 法的实施程序

参与者利用卡片,把讨论内容写在卡片上,并在主持人的主持下进行讨论。流程如图 2-21 所示。

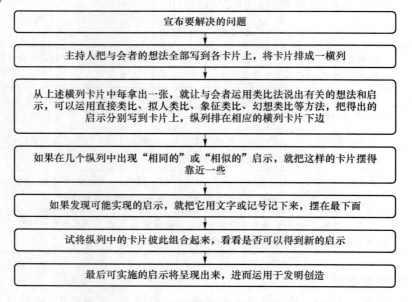

图 2-21 NM 法的实施程序

【案例】

NM法运用于语文教学例谈

NM法运用于语文教学中,就是在教学活动中(特别是理解课文和作文审题时),引导学生找出问题的关键(即思维点),根据这个"点",让学生进行发散思维,最后针对课文内容进行优选,得出正确答案。

一位教师在指导学生学习《松树的风格》一文后,出了这样一个作文题:《从松树的风格所想到的》,让学生进行口头作文。

教师问:"我们学习了陶铸同志的《松树的风格》一文,请大家思考一下,松树究竟有哪些风格?然后口头作文。"

通过一番思考,几名学生站起来相继做了口头作文,下面是其中的一篇。

"一提起松树,人们便会想到它的四季常青,于是,就把它作为坚韧不拔、生命力旺盛的象征。是的,松树的这一风格得到人们的普遍赞誉。谁都认为,无论是春天的风,夏天的雨,秋天的霜,冬天的雪,都改变不了松树的这一风格。"

教师赞许地点头微笑,又问:"从松树的这些风格中你想到了什么?"教师又强调说:"请注意,要有创新意义,要结合现实。"

一个学生急切地举手进行口头作文:"从松树这些风格中,我看到了老一辈无产阶级革命者的光辉形象。在革命战争年代,他们不畏刀光剑影,在敌人的屠刀面前傲然挺立;在社会主义建设时期,他们不向糖衣裹着的炮弹屈膝……他们把一片浓绿的生机无私地奉献给了祖国和人民!"

教师指出了不足,说:"观点要新颖、独到,特别要结合现实。"

经过一番思考,一位女学生站起来侃侃而谈。

"松树的四季常青,恰恰是它的不足之处"。一语既出,满座皆惊。她接着说:"我们想一想,那松树春天是这个样子,夏天也是这个样子,秋天还是这个样子,到了冬天,它仍然是这个样子。一年过去了,几年过去了,几十年、几百年甚至几千年过去了,地球上已发生了翻天覆地的变化,可是松树呢?它仍然是那个老样子。这叫作一成不变。"

"一成不变是不好的。"她继续说:"我们人类就是在不断变化发展中前进的。从发明工具到改造工具,从手工操作到机械化生产,从人工操纵机器到计算机控制机器,人类社会真可谓日新月异。如果地球上的万物,都像松树那样一成不变,那么,我们还会有今天吗?只有在不断的改革与开拓创新中前进,才是我们时代所需要的,因循守旧,一成不变是没有出路的。从这个角度来看,松树的风格可另当别论了。"说罢,师生为之鼓掌。

以上这个例子,我们可以用NM法进行解析,如图2-22所示。

总之,正如陶行知所说:"处处是创造之地,天天是创造之时,人人是创造之人。"只要逐步改革现有的陈旧的教学形态,让师生有条件来营造一个有利于培养创造思维的NM环境,那些思维的火花,就会放射出耀眼的创造之光。

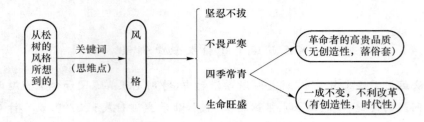

图 2-22　NM 法语文教学法例谈

2.2.3　ZK 法

ZK 法是从各种已知信息出发,把产生思想的联想的心理过程与实现这个思想的手段统一起来的开发创造性的方法。ZK 法是由日本系统研究所理事长片方善治所创,故又称作"片方法"。

1. ZK 法的特征

ZK 法的特征如图 2-23 所示。

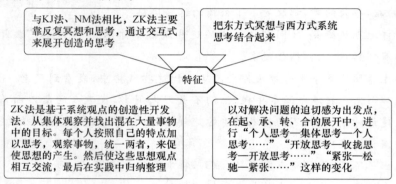

图 2-23　ZK 法的特征

2. ZK 法的实施程序

ZK 法的实施程序如下。

① 主持人一名,小组成员 5~7 人。首先明确主题,营造融洽的气氛。开始以开会讨论的方式进行,也就是围绕主题搜集所有的信息和资料。此相当于"起"的阶段。

② 根据所搜集的信息和资料,按照自己的思路,用联想法把与主题有关的资料连接起来,把解决方案写在纸上。每个与会者就自己的解决方案进行说明。在此期间,巧妙利用他人的解决方案,思考新的解决方案。此相当于"发展"的阶段。

③ 把所有设想都贴到墙上,进行默想。此相当于"高潮"的阶段。

④ 各自宣读修正后的解决方案,在此期间如果产生新的解决方案,各自将其记下。再次通过默想,进行反省和推敲,将最后确定下来的解决方案写到卡片内置于桌上或写到黑板上。全体成员对所列出的各种解决方案进行批判和讨论,选择最佳方案,找出最终解决办法,实施创造。

ZK 法既适于个人,也适于集体。

【案例】

某公司利用 ZK 法改进服务态度（图 2-24）

某公司经常收到顾客对营业厅服务人员的投诉，值班经理于是利用 ZK 法对服务人员的服务态度进行改进，改进流程如图 2-24 所示。

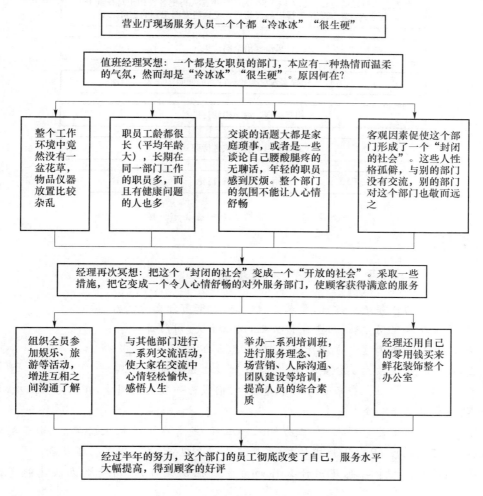

图 2-24　某公司利用 ZK 法改进服务态度

2.2.4　MBS 法

奥斯本智力激励法虽然能产生大量的设想，但由于它严禁批评，这样就难于对设想进行评价和集中，日本三菱树脂公司对此进行改革，创造出一种新的智力激励法——MBS 法，又称三菱式智力激励法。

在采用三菱式智力激励法时，首先主持人要求出席者预先将与主题有关的设想分别写在纸上，然后轮流提出自己的设想，接受提问或批评，接着以图解方式进行归纳，再进入最后的讨论阶段。具体实施步骤如图 2-25 所示。

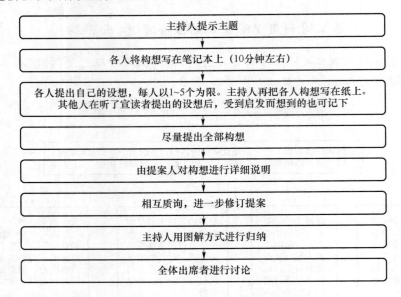

图 2-25　三菱式智力激励法实施步骤

【案例】

砸核桃

组长：我们的任务是砸核桃，要求多、快、好，大家有什么办法？

甲：平常在家里用牙嗑，用手或榔头砸，用钳子夹，用门挤。

组长：几个核桃用这种办法行，若核桃多怎么办？

乙：应该把核桃按大小分类，各类核桃分别放在压力机上砸。

丙：可以把核桃黏上粉末一类的东西，使它们成为一般大的圆球，在压力机上砸，用不着分类。（发展了上一个观点）

丁：黏上粉末可能带磁性，在压力机上砸压后，或者在粉碎机上粉碎后，由于磁场作用，核桃壳可能脱掉，只剩下核桃仁。（发展了上一个观点，并应用了物理效应）

组长：很好！大家再想想用什么样的力才能把核桃砸开，用什么办法才能得到这些力。

甲：应该加一个集中的挤压力。用某种东西冲击核桃，就能产生这种力，或者相反，用核桃冲击某种东西。

乙：可以用气枪往墙壁上射核桃，比如说可以用射软木塞的儿童气枪射。

丙：当核桃落地时，可以利用地球引力产生力。

丁：核桃壳很硬，应该先用溶剂加工，使它软化、溶解……或者使它们变得很脆。经过冷冻就可以变脆。

组长：动物（比如乌鸦）是怎么解决这一问题的？

甲：鸟儿用嘴啄……或者飞得高高的，把核桃扔在硬地上。我们应该把核桃装在容器

里,从高处往硬的地方扔,比如说从气球上、从直升机上、从电梯上往水泥板上扔,然后把摔碎的核桃捡起来。(类比)

乙:可以把核桃放在液体容器里,借助水力冲击把核桃破开。(物理效应)

组长:是否可用发现法(如认同、反向……)解决问题呢?

丙:应该从里面把核桃破开,在核桃上钻个小孔,往里面打气加压。(反向)

丁:可以把核桃放在空气室里,往里打气加压,然后使空气室里压力锐减,内部压力就会使核桃破裂,因为内部压力不可能很快减少。(发展了上一个观点)或者可以急剧增加和减少空气室压力,这时核桃壳会承受交变负荷。

戊:我是核桃,是核桃仁。从核桃壳内部,我用手脚对它施加压力,外壳就会破裂。(认同)应该不让外壳长,只让核桃仁长,就会把外壳顶破。(理想结果)

乙:我也是核桃。我用手抓住树枝,当成熟时就掉在硬地上摔破。应该把核桃种在悬崖峭壁上,或种在陡坡上,它们掉下来就会摔破。

甲:应该掘口深井,井底放一块钢板,在核桃与深井之间开几道沟槽。核桃从树上掉下来,顺着沟槽滚到井里,摔在钢板上就会摔破。

利用三菱式智力激励法仅用十分钟就收集了四十个观点,经专家组评价,得出参考解决方案。

2.3 中国的主要创新方法研究进展

与国外相比,我国创新方法的研究起步较晚。1983年,许国泰经8年摸索与尝试,首创了信息交合法,又称"魔球"理论。1991年,许立言、张福奎在对奥斯本检核表法(具体解释见本书参考文献[87])进行深入研究的基础上,结合上海和田路小学创造教学的实际,与和田路小学一起提出了和田十二法。我国著名教育家陶行知先生提出6W2H分析法。

2.3.1 信息交合法

信息交合法,又称"要素标的发明法"或"信息反应场法"。信息交合法是一种在信息交合中进行创新的思维技巧,即把物体的总体信息分解成若干个要素,然后把这种物体与人类各种实践活动相关的用途进行要素分解,把两种信息要素用坐标法连成信息标 X 轴与 Y 轴,两轴垂直相交,构成"信息反应场",每个轴上各点的信息可以依次与另一轴上的信息交合,从而产生新的信息。

信息交合法包含两个公理、三个定理和三个原则。两个公理包括:①不同信息的交合可产生新信息;②不同联系的交合可产生新联系。三个定理包括:①心理世界的构象即人脑中勾勒的映象,由信息和联系组成;②新信息、新联系在相互作用中产生;③具体的信息和联系均有一定的时空限制性。三个原则包括:①整体分解原则,先把对象及其相关条件整体加以分解,按序列得出要素;②信息交合原则,各轴的每个要素逐一与另一轴的各个标的相交合;③结晶筛选原则,通过对方案的筛选,找出更好的方案。如果研究的是新产品开发问题,那么,在筛选时应注意新产品的实用性、经济性、易生产性、市场可接受性等。

1. 信息交合法的实施步骤
① 确定一个中心,即零坐标(原点);
② 给出若干标线(信息标),即串起来的信息序列;
③ 在信息标上注明有关信息点;
④ 若干信息标形成信息反应场,信息在信息反应场中交合,引出新信息。

2. 信息交合法的应用举例 —— 以杯子为例
① 定中心、画坐标、标注点(图2-26)。

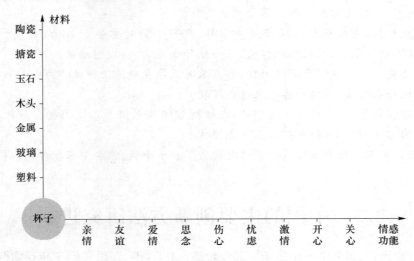

图 2-26 定中心、画坐标、标注点

② 进行步骤④,将信息在信息反应场中结合。这一步最为关键。进行不同的组合会有很多意想不到的收获(图2-27～图2-32)。

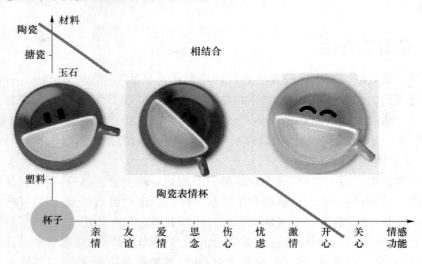

图 2-27 陶瓷材料与开心相结合

图 2-28　陶瓷材料与爱情相结合

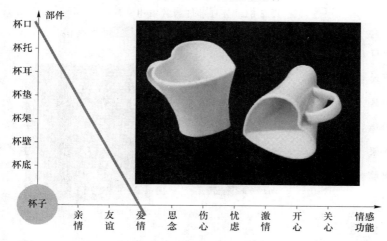

图 2-29　杯口部件与爱情相结合

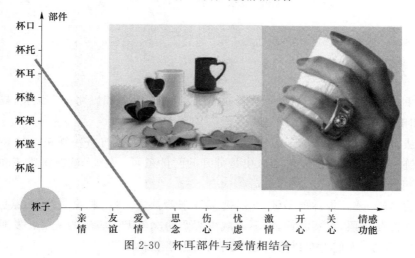

图 2-30　杯耳部件与爱情相结合

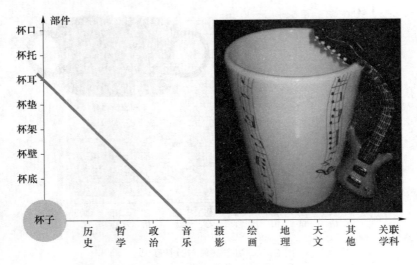

图 2-31　杯耳部件与音乐相结合

图 2-32　杯壁部件与摄影相结合

2.3.2　和田十二法

为便于普及，许立言、张福奎等学者通过研究，并在上海和田路小学试验，提出了创造发明的"和田十二法"，具体内容如下。

第一法，加一加。启发孩子想一想，试一试，把一样东西与另一样东西加在一起会发生什么奇迹？比如，过去的铅笔和橡皮是分开的两件东西，美国人威廉将铅笔和橡皮加在一起，便发明了橡皮铅笔。

第二法，减一减。告诉孩子试一试，把某种东西减去一些，将会发生什么变化？乘公共汽车每次都要买票，很不方便，能不能减少买票的次数呢？聪明的人因此发明了"月票""打卡车票"，于是，人们上车以后再也不用当场买票了。

第三法，扩一扩。家长可以拿出生活中常见的某种物品，告诉孩子想一想，如果把这种物品扩大了、扩展了，会变成什么样子？也许在家长不经意的鼓励中，孩子就会发明一种新事物。比如，算盘很小，老师上课的时候要给同学们讲解知识时，同学们会看不清楚，如果把算盘扩大一些，变成大算盘挂在墙上，学生们不是都能看见了吗？于是，人们发明了大算盘。

第四法，缩一缩。试想，把一样东西压缩、缩小以后，会发生什么变化？人们把计算机缩小后变成了笔记本计算机，把大雨伞缩小后变成了折叠雨伞。

第五法，变一变。把某种事物的颜色、形状、味道做一下改变，看看会发生什么情况？例如，把圆西瓜培植成方西瓜（图2-33），把苹果培植成既有苹果味又有梨味的苹果梨等，都是变化带来的奇迹。

第六法，改一改。支持孩子把家庭中许多使用不方便的东西改变一下，或许就能获得新发现。小孩子使用剪刀危险，和田路小学的学生就发明了安全剪刀……这就是通过改一改创造的新事物。

第七法，联一联。家长可以领着孩子在家中找一找，将一些东西跟另外一些东西联在一起，会发生什么变化？比如，把录音机、电视机、音响等物品联在一起，就发明了家庭影院；把电话机和手机联系在一起，就发明了无绳电话。

第八法，学一学。让孩子在自己的周围找一找，有什么事物可以学习、模仿？比如，人们发现带锯齿的小草能割破皮肤，于是发明了钢锯。

第九法，代一代。看看周围的有些东西是否可以用另外一种东西代替？如果我们手里拿着各种地图肯定很麻烦，如果把这些地图都输入计算机，不就方便了许多？于是，电子地图应运而生。

第十法，搬一搬。家里的家具可以经常搬动，孩子会发现每一次变化都会带来新鲜的感觉，同时也使一些家具的用处发生了变化。比如，原本放在角落里的小柜子一下子成了床头柜，原本没有用的书架一下子成了展览橱。

第十一法，反一反。和孩子一起试一下，把家中的某种东西颠倒一下，正反、上下、左右、前后、横竖、里外都可以颠倒。这时家长和孩子都会发现，许多东西还别有用处。比如，把镜子反过来，照到后面的时候，就变成了"反光镜"。

第十二法，定一定。和孩子一起想一想，某种东西是否需要给予一些限定？手表加入了定时器，就变成了定时表；小瓶子加上了刻度，就变成了婴儿的奶瓶。

和田十二法是一种非常好用的方法，是对奥斯本检核表法的创造性应用，简单、容易记忆且实用。表2-6所示是用和田十二法对电视机进行创新设计。

表2-6 和田十二法对电视机进行创新设计

序号	方法	创新设计
1	加一加	加一个机顶盒成为数字电视
2	减一减	减去底座，悬挂起来成为教室教学电视
3	扩一扩	屏幕扩大成为大屏幕彩电（或增加屏幕成为多画面电视）

续表

序号	方法	创新设计
4	缩一缩	体积变小成为微型电视
5	变一变	改变放置方式成为壁挂式彩电
6	改一改	改变屏幕形状,成为专为儿童设计的卡通电视
7	联一联	电视与音响、麦克风、录音带等组合成为卡拉 OK
8	学一学	与网络结合成为网络电视、手机电视
9	代一代	用新型复合材料制作,减轻重量、降低成本
10	搬一搬	搬到公交车上,成为公交车电视
11	反一反	反画面电视
12	定一定	规定节能标准,成为节能电视

图 2-33 "和田十二法"中的第五法"变一变"

2.3.3 6W2H 分析法

美国政治学家拉斯韦尔提出"5W 分析法",后经过人们的不断运用和总结,逐步形成了"5W1H 分析法""5W2H 分析法"和"6W2H 分析法"。5W 即 Why(为什么要做),What(做什么),Who(由谁去做),When(什么时候做),Where(在哪里做);1H 即 How(怎么做)。以装修房子为例,运用 5W1H 方法分析问题,如图 2-34 所示。当我们在装修房子的时候要考虑一些细节问题,比如我们会与装修公司协商每天工作的时间、周末是否装修、保修期等细节。下一步便可对其中一些内容进行合并、删减、简化和重排工作,对问题进行综合分析研究。这样一步步进行,最终产生高效或创新性的决策。

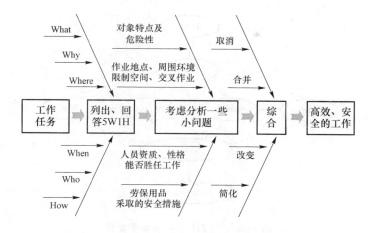

图 2-34 5W1H 分析法举例

第二次世界大战期间,美国陆军兵器修理部创造了 5W2H 分析法,又叫七何分析法,即在上面 5W1H 的基础上增加了"How much",也就是将成本考虑在内。大部分企业都是以盈利为目的的社会组织,而做某件事或某个项目的成本,会直接影响企业的利润,也在很大程度上决定了这件事是否值得做,具体如图 2-35 所示。

图 2-35 5W2H 分析法

我国著名教育家陶行知先生在 5W2H 的基础上又增加了"Which"一项,进而提出 6W2H 分析法(八何分析法),他把这种提问模式称为教人聪明的"八大贤人"。为此,他写了一首小诗来描述 6W2H 分析法:"我有几位好朋友,曾把万事指导我,你若想问真姓名,名字不同都姓何:何事、何故、何人、何如、何时、何地、何去,还有一个西洋名,姓名颠倒叫几何。若向八贤常请教,虽是笨人不会错",6W2H 分析法具体的步骤流程如图 2-36 所示,每一个环节表达的具体内容如表 2-7 所示。

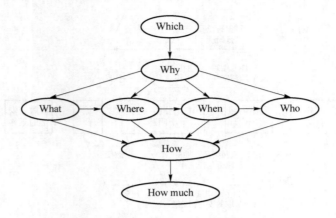

图 2-36 6W2H 分析法步骤流程

表 2-7 6W2H 分析法每个环节表达的具体内容

6W2H 分析法	具体内容
何事(Which)?	哪件事情?哪个项目?
何故(Why)?	为什么采用这个技术参数?为什么不能有响声?为什么停用?为什么非做不可?为什么变成红色?为什么要做成这个形状?为什么采用机器代替人力?为什么产品的制造要经过这么多环节?
何如(What)?	条件是什么?哪一部分工作要做?目的是什么?重点是什么?与什么有关系?功能是什么?规范是什么?工作对象是什么?
何人(Who)?	谁来办最方便?谁会生产?谁可以办?谁是顾客?谁被忽略了?谁是决策人?谁会受益?
何时(When)?	何时要完成?何时安装?何时销售?何时工作人员容易疲劳?何时产量最高?何时完成最为适宜?需要几天才算合理?何时是最佳营业时间?
何地(Where)?	何地最适宜某物生长?何处生产最经济?从何处买?还有什么地方可以作为销售点?安装在什么地方最合适?何地有资源?
何去(How)?	怎样省力?怎样最快?怎样做效率最高?怎样改进?怎样增加销路?怎样得到?怎样避免失败?怎样求发展?怎样达到效率?怎样才能使产品更加美观大方?怎样使产品用起来方便?
几何(How much)?	功能指标达到多少?销售多少?成本多少?效率多高?输出功率多少?尺寸多少?重量多少?

【案例】

运用 6W2H 分析法改变生意冷淡状况

某商店利用 6W2H 分析法来改变生意冷淡的状况(表 2-8)。

表 2-8　某商店利用 6W2H 分析法改变生意冷淡的状况

6W2H 分析法	提问内容	情况原因	改进措施
何事（which）？	整顿？还是放弃？	具体分析	整顿
何故（why）？	此处设这个店行不行？	有需要	应保留
何如（What）？	批发零售？百货专营？维修服务搞不搞？	本处适合零售	零售为主，增加服务项目
何地（where）？	店设何处？离车站近离居民区也近？	为旅客服务	增加旅客上车前后所需商品
何时（when）？	何时购物？旅客寄存行李后？	无处寄存	办理托运，尤其是晚上
何人（who）？	谁是顾客？旅客？居民？	未把旅客当作主要顾客	增加为旅客服务的项目
何去（How）？	怎样招揽更多旅客？	此店不醒目	增设路标购物指示牌
几何（How much）？	改进需多少投入？能得多少效益？	本店有投资能力	装修扩大需 1.5 万元，预计营业收入增长 20%

2.4　创新上下行

创新是一种积极的思考方式，体现在学习、研发、应用、服务、管理、文化与生活等各个方面，每个人的创新能力与实践的聚合将实现组织的创新，只有不断突破才能带来不断发展。

创新有两条路线：从产品往上行，或从原理往下行。这两条路线简称"创新上下行"。那么，什么是创新上下行呢？从需要的产品出发，往上走去寻找技术，没有现成技术就发明，再向上琢磨原理，最后推动原理级的科学发现。这是一条上行路（产品→技术→原理）。从好奇出发，或"为科学而科学"，还根本不知道有没有用、能不能用，先把原理级思维拿出来，然后发明能应用的技术，最后做成产品。这是一条下行路（原理→技术→产品）。下面举实例来看何谓创新上下行。

创新下行经典实例：原子弹。它是先有论文的，一位德国学者1937年发表了一篇论文。过去的炸药基于化学变化，其原子结构特别是原子核没有变。学者发现，原子核一旦有变，将产生巨大的能量。核的裂变与聚变，是先有科学发现，写下原理。这个发现成立不成立呢？学术圈先讨论。至于能不能应用？那还要看条件：法国、英国忙于对付希特勒，他们的原子能科学家，加上从德国跑出来的犹太科学家，最后跑到美国，说服罗斯福总统立项"曼哈顿计划"，解决了技术难题。然后投到广岛，结束了第二次世界大战。这是一个从原理到产品，创新下行的经典例子。

创新上行经典实例："苹果"电子产品。乔布斯算不上科学家，但他对人类的需求、对人们自己也讲不清楚的潜在需要，有过人的感知。他还特别坚持产品品质和使用体验，非达极致绝不罢休。"苹果"模式是从产品出发去找技术、找零配件，以此驱动技术发明并带动原理级别的科学发现。"苹果"模式属于"逆向创新"，属于创新上行。

本章小结

本章主要从欧美国家的创新方法研究、日本的创新方法研究、中国的创新方法研究这三个方面来阐述创新的方法。从不同的角度分析每一个方面,更好地解释了创新的方法。每种方法大都从定义、实施流程以及该创新方法的举例应用来详细讲解,以达到读者能够学以致用的目的。

欧美国家的创新方法研究主要讲了奥斯本智力激励法、默写式智力激励法、形态分析法、思维导图法、思考六帽法这几种方法。

日本的创新方法研究主要讲了 KJ 法(卡片整理法)、NM 法(中山正和法)、ZK 法(片方法)、MBS 法(三菱式智力激励法)这四种方法。

国内创新方法研究主要讲了信息交合法、和田十二法、6W2H 分析法这三种方法。

本章思考题

1. 思考六帽法包括哪几个步骤?举例说明如何将其应用到自己的学习中?
2. MBS 法又称什么方法?举例说说如何理解?
3. 我国著名教育家陶行知先生提出的 6W2H 分析法,主要包括哪几项内容?

第 3 章 大学生创新能力培养的内容和方法

在教育中必须重视对学生的创新潜能、创新意识和创新精神的开发和培养。教育系统是社会系统的子系统,创新教育不仅需要国家和社会对创新的鼓励和支持,而且需要教育内部的创新体制。本章主要介绍欧美国家、日本和国内著名高校的教育创新,最后总结提升理工类大学生创新能力的主要途径。

3.1 国外大学生的创新能力培养途径与方法

国外的大学教育起步较早,1809 年洪堡筹建柏林大学,柏林大学于 1810 年正式开学,诞生了现代意义上的大学教育。美国、英国和日本深受德国先进的大学生培养模式影响,陆续开展了相应的大学教育改革,取得了一系列的成效。经过多年的探索与实践,各国已基本形成了独具特色的大学生创新能力培养体系,不仅为繁荣本国经济提供了大量的创新人才储备,也为世界各国创新型人才的培养树立了典范。

3.1.1 德国高校大学生创新能力培养模式概述

19 世纪上半叶,德国开展了现代大学教育,在世界范围内开启了大学教育的先河。柏林大学(图 3-1)的教育坚持"教学与科研相结合"的原则,沿用"学徒制"的培养模式,还在大学生培养过程中进行了一系列改革,充分调动学生参与科学研究的积极性,增强大学生创新素养,不断提升大学生的创新能力。

图 3-1 柏林大学

1. 培养理念

德国的大学教育理念深受洪堡影响,坚持"教学与科研相结合"的原则,一直强调科学研究在大学生创新能力培养过程中应充分发挥其绝对的、主导的作用,极力推崇大学生应该从事科学研究,并努力为大学生提供科研资助、改善科研条件,激发大学生的科研创新热情,使大学生热爱科学研究并致力于发展科学研究,在科学研究的过程中逐步提升创新能力。

2. 培养模式

德国的大学生培养模式最显著的特点是学徒制,受新人文主义思想的影响,十分强调教师和大学生之间的人格、情感和学业继承关系,教师是大学生的直接负责人,教师在大学生招生规模、培养计划、课程实施、科研项目以及论文指导等方面都有很大的自主权,大学生除了基础理论知识的学习外,还要以科研助手的形式参与教师的科学研究。

3. 培养过程

在课程设置上,坚持"教学与科研相结合"的原则;在教学方式上,学生可以选择多种听课方式,可以采用课堂学习,也可以利用"互联网+"学习,甚至可以不用上课,但必须要通过考试;在论文写作上,大学十分重视论文的创新性。

3.1.2 美国高校大学生创新能力培养情况与分析

虽然美国历史短暂(200多年),但是世界上70%左右的专利均出自美国;从诺贝尔奖得主和世界一流大学前100名排名看,美国占了绝对优势;而比较重大的、有突破性的成果,也有很多来自美国,因此我们有必要了解美国比较完善的教育体系,从而借鉴其经验,培养我国高校应用型人才的创新思维。

经过200多年的发展和逐步完善,美国形成了今天的初等教育、中等教育和高等教育三级体制。美国培养的大学生数量从20世纪60年代至今居世界首位,除了美国国家的制度保障,学校本身的办学理念和制度也为创新提供了肥沃的土壤。美国的大学教育主要培养学生进行科学研究和发展独立研究的能力,非常强调培养大学生的科研创新能力。美国社会认为,只有在重要的科学研究中处于领先地位,才能保证国家在21世纪的国际竞争中继续处于有利地位。为了实现这一目标,哈佛大学(图3-2)的教育在培养目标和培养过程等各个方面都充分体现出对大学生创新能力培养的重视。

图3-2 哈佛大学

1. 培养目标

美国的大学教育以创新能力培养为核心,并且围绕创新能力的培养对培养目标进行了清晰的界定。要求硕士研究生"获得从事学术活动和职业工作的能力,可以在这一领域从事创造性的专业工作",要求博士研究生"具有从事创造性学术活动和科研活动的能力"。大学生是科技创新人才的生力军,美国的高校更加注重对大学生创新精神和创新能力的培养。

2. 培养过程

① 美国的大学生招生入学政策较为宽松,不单纯地以分取人,GRE 成绩并不作为录取大学生的唯一标准,美国大学注重对学生综合能力的考察,尤其是对学习和科研能力的考察。

② 美国大学生的培养计划是为满足学生个人和社会的特定需要而设置的,在培养计划中,始终贯穿科研与教学相结合以培养学生的创新能力这样一条主线。

③ 在课程设置方面,美国的大学教育在强调扎实的基础理论知识的学习下,也注重知识的拓展,重视学科渗透和文理交叉。

④ 在教学模式方面,积极倡导民主的课堂教学模式。在课堂教学中倡导民主,学生随时可以打断教师的讲授提出质疑,培养大学生的质疑、批判和自主探索的精神。

⑤ 在政策层面,美国的高校为大学生参与科学研究提供相应的政策扶持,增强学生创新实践能力,突出大学生科研能力和创新能力的培养。

美国大学的另一个特征是强调学生的动手能力、实践能力和创造能力。也就是说,美国的教育非常实际,从上小学起,美国人就把学生推到现实生活中锻炼,大学更加强调学生的动手能力、实践能力和创造能力。除了教学中的实践外,现实生活中的实践包括学生打工或做义工,培养学生对社会的责任。

3.1.3 英国高校大学生创新能力培养路径分析

经过多年的改革与完善,英国的大学教育逐渐形成了一套独具特色的大学生创新能力培养体系,即宽进严出、淡化教材和教师因素、重视科研方法的学习以及构建与工商业一体化的人才培养计划。

1. 宽进严出,保证创新人才质量

在英国,"宽进"政策并不意味着取消了大学生入学资格考核,而是放宽了对考生的入学要求,在全世界范围内吸引优秀的生源,充分发掘具有创新潜质的人才,也为那些具有创新能力却由于某些原因而无法入学的考生提供机会。

2. 淡化教师因素,培养学生自主学习能力

在英国高校的大学生培养中,教师的作用不太明显。剑桥大学(图 3-3)着重培养学生独立自主的学习能力。不管是专业基础课程学习,还是在学位论文写作阶段,教师只会对问题所涉及的有关内容给出专业的建议和意见,并不要求学生一定要按照教师的思路去修改,锻炼学生以创新的精神去研究问题。

图 3-3 剑桥大学

3. 重视研究方法，锻炼学生创新思维

为了指导大学生运用正确的方法开展研究，在大学生做学位论文前设置了有关研究方法的课程，使学生能够掌握对研究内容进行科学思维的技巧。大学生通过对研究方法系统的学习，不仅可以在论文选题中快速、准确地选择研究方向，缩短探索过程，而且还能有针对性地锻炼学生的创新思维，大大提高大学生的创新能力。

4. 大学与工业界合作，注重跨学科开发利用

英国高校依靠政府的政策扶持和制度保障积极与工业界合作，兴起一种大学与工业界联系的一体化计划，注重跨学科综合型人才的培养。这种方式为高校理工类大学生创新能力培养提供了众多实践的机会，增强了学生的实践创新能力，从而更好地促进大学生创新能力的培养。

3.1.4 日本高校大学生创新能力培养改革措施

日本为了实现科技创新立国的战略目标，将大学生的创新教育视为科技创新立国体系的重中之重，大力培养面向 21 世纪的高层次创新型人才，特别是适应时代需求的创新型复合人才。东京大学（图 3-4）在大学生教育的招生制度、教学方式和论文选题等方面进行了相应的改革，目的在于提升大学生的创新能力。

图 3-4　东京大学

1. 改革招生制度，注重能力选拔

入学考试报名时学生除了要符合学校统一要求的报名条件外，还要准备详尽的计划书，该计划书必须包含今后打算从事研究方向的研究内容、目的、意义等信息，最好能提交与今后研究方向相关的小论文，以便学校考核学生的研究潜力和创新素养。

2. 打破学科壁垒，拓展创新思维

日本高校在大学生课程设置上重视学科的渗透和交叉，允许学生跨学科、跨专业、跨学院学习。除此之外，还增设新兴学科、改造与合并原有学科，加强知识的更新和学科间的交叉融合，拓展学生的创新思维以满足社会的实际需要。

3. 改变教学方式，提倡独立学习

日本的大学教学方式十分灵活，教师只讲授少量的基础理论课，而大多数的专业课是采用课上讨论的形式来完成的，教师以学科前沿领域的重点、难点问题为引子，与大学生一起交流讨论。

4. 官产学研联合，增强创新实践

日本借鉴了德国的"教学与科研相结合"的模式，制定了"官产学研联合"机制来推动大学生创新能力的培养。在日本政府的主导下，企业结合自身发展为创新型人才提供研究经费，充分利用高校雄厚的智力资源来研发新技术和新产品。

3.2 国内部分理工类高校大学生创新能力培养的先进经验

本节对国内三所理工类高校的大学生创新能力培养改革措施进行介绍，分别指出各高校在大学生创新能力培养过程中独具特色的做法，并对这些改革举措进行归纳梳理，以期对提升我国理工类大学生创新能力有所帮助。

3.2.1 华中科技大学以产学研结合促进创新人才培养

华中科技大学（图 3-5）以"育人为本，创新是魂，责任以行"为办学理念，在大学生教育上，根据"创新是灵魂，科学研究主导是核心，教师负责制是基础"的指导思想，将大学生培养质量放在工作的首位。

图 3-5　华中科技大学

1. 学科集群与产业集群对接

为解决高校和企业的合作模式比较单一这一难题，华中科技大学打破学科壁垒、整合优质资源、形成学科群，集中对接市场产业集群，带动学校发展。学科集群与产业集群的对接，促进了学科间的交叉融合，为大学生创新能力的培养提供了平台和载体。

2. 共建研发创新实践平台

高校在与企业联合研发平台的建设过程中，一方面可以了解企业甚至某个行业对创新技术和创新型人才的实际需求，从而对人才培养能够做到有的放矢；另一方面，学生在平台的学习和实践中可以不断提升其科研能力与创新实践能力以及解决问题的能力。

3. 联合攻关关键技术难题

产学研协同的一个重要目的就是联合高校、企业和科研院所多方能力共同攻克行业关键性和共性技术难题。这些实践不仅能够提升大学生的科研理念，而且能够培养大学生创新技能和创新精神。

4. 引进业界精英兼职指导

华中科技大学为拓宽学生的眼界、培养学生的创新热情,特聘请行业界的专家学者、研究人员、管理人员等社会各界人士担任兼职老师。这些对于大学生创新思维的训练和创新能力的培养起到了一定的引导作用,为今后大学生从事科研创新工作奠定了基础。

3.2.2 上海交通大学改革大学生培养机制,提升人才质量

1. 创新招生选拔方式

首先,上海交通大学(图3-6)推出硕博贯通的招生制度,留住优秀的生源;实行博士入学申请制度,吸引广大的考生。其次,改革大学生入学考试方式。摒弃传统的以考试成绩作为入学唯一标准的选拔方式,注重对学生科研潜力、创新思维以及综合素质的考察。

图3-6 上海交通大学

2. 完善本硕贯通的培养模式

上海交通大学在大学生培养上,积极推进直接攻硕、本硕连读等培养模式。建立连贯式大学生培养模式,为大学生申请硕士学位提供了便利,吸引和留住优秀的人才。

3. 开展卓越课程建设

上海交通大学以提升创新能力为核心,不断修订和完善理工类大学生的培养方案,将创新能力的培养融入课程体系建设当中,积极开展卓越课程建设计划。例如,推进优质课程资源共享。

4. 建立多级学位评定体系

建立由学院、学部和学校组成的三级学位评定委员会体系,加大了对大学生学位论文的评审力度。各学院、学部要制定适合学科特色的学位评定标准,对大学生的学位论文进行初审,再送交学校终审。

5. 加强教师队伍建设

首先,改革教师选聘制度。打破职称的限制,建立起以能力为核心的博士生教师选评机制。其次,强化教师聘后管理。根据不同学科的性质,严格控制博士生教师指导学生的数量。确保教师有足够的时间和精力指导学生日常的学习和科研,保证学生的培养质量。

3.2.3 武汉大学培养大学生创新精神与创造能力

武汉大学(图3-7)牢固树立"质量是大学生教育的生命线,创新是大学生教育的主旋律"的理念,切实将提高大学生创新精神与创造能力作为大学生教育工作的重中之重,不

断推进以提升人才培养质量为核心的内涵式发展模式。

图 3-7　武汉大学

1. 科学谋划顶层设计

科学谋划顶层设计,为培养大学生创新能力提供制度保障。学校连续在全国率先出台多项大学生培养政策,着力构建大学生创新能力培养的长效机制,将国家级重大科研项目的研发融入拔尖创新人才的培养过程。通过设立高层次应用型创新人才实验区,创新大学生培养模式。

2. 广搭学术科技平台

广搭学术科技平台,为创新型人才的成长提供广阔舞台。学校通过举办形式多样、内容丰富的学术科技活动,让大学生在活动中交流学术、追求真知,对创新精神和创造能力的培养起到了潜移默化的作用。

3. 强化实践育人环节

强化实践育人环节,让大学生在服务社会中成才。学校大力支持大学生参与社会实践、挂职锻炼和志愿服务,积极引导大学生在实践中不断提升创新能力。

4. 健全各类奖助措施

健全各类奖助措施,发挥评先奖优的激励作用和导向功能。学校不断完善学生奖助体系,激励大学生在科学研究、实践创新等方面取得新突破。

3.3　提升理工类大学生创新能力的主要途径

3.3.1　优化招生制度,提高人才选拔质量

目前,我国的大学生招生制度存在一定问题,如何更好地选拔具有创新能力或潜质的人才,是当前亟待解决的重大问题。对于优化大学生招生制度,需要综合考虑多方面因素。

1. 注重入学动机考察

创新需要有浓厚的求知欲望和正确的动机,因此,考查考生是否具备这些素质是招生制度应该考虑的因素。

2. 明确人才培养目标

具体要求是:大学生应该是掌握本学科坚实的基础理论和系统的专业知识,具有创新

精神和从事科学研究、教学、管理或独立担负专门技术工作能力的高级专门人才。

3. 改革人才考核方式

今后应坚持以全国统一考试为主、多种招生制度并存的原则,不仅要稳步推进大学生全国统一入学考试,而且针对不同区域的单独命题也要给予鼓励以满足各区域对人才的特殊需求,更好地选拔适合社会需要的创新型人才。

4. 综合评价录取标准

层层选拔,挑选优秀人才。各高校应综合评价标准,把握具体的比例划分,坚持公平公正的原则,择优录取。

3.3.2　构建跨学科培养模式,提高创新能力

1. 兼顾多学科渗透,丰富大学生创新知识结构

跳出学科专业的严格束缚,克服学科分裂的弊端,加强相关学科之间的互相渗透,强调文理交叉,以适应社会经济建设对高层次复合型人才的新要求。

2. 依托科技创新团队,打牢大学生创新能力根基

团队内浓厚的学术交流氛围能够充分调动大学生的创新热情,强化大学生的创新意识,激励大学生敢于尝试和挑战。

3. 构建创新实验平台,锻炼创新实践技能

利用校内各学科知识之间的关联,建立起大学生均可参与的多学科综合创新实验平台,加强各学科之间的交叉渗透。

3.3.3　科研与教学相融合,激发创新热情

科研与教学相结合有利于充分发挥高校的智力资源优势和科研资源优势,有利于培养全面发展的创新型人才。

1. 统筹教学和科研管理

系统推进科教融合,统筹教学和科研管理,制定有利于教学和科研互促共进的政策措施。

2. 加强学校内部改革

保证学生完成基础理论知识学习的同时,鼓励学生参与科研项目,加大对学生开展科研的必要经费投入,充分调动学生的创新热情。

3. 完善教师管理制度

坚持教学科研并重的原则,不断完善教师参与科研和从事教学工作的双重管理制度。

3.3.4　健全产学研协同育人机制,提升创新实践能力

产学研协同育人有利于培养和提高理工类学术型大学生的创新实践能力,使其更好地承担社会和企业赋予的责任。

1. 重视协同合作,倡导产学研育人

把学校教育、科研实践和创新成果转化与大学生的培养进行有机结合,是培养和造就高素质创新型人才的重要途径。

2. 优化培养方案，满足社会多方需求

为满足行业企业、社会经济发展以及建设创新型国家对创新人才的需求，高校应积极探索产学研合作协同育人机制。

3. 打造合作平台，强化学生创新技能

3.3.5 完善考核评审制度，严把人才质量关

建立科学合理的考核评审机制能够对大学生培养质量做出客观、公正的评价，高校要正确引导学生学习并开展科研工作，促进大学生创新能力的培养，激励学生自我完善、良性发展。

1. 评价内容多重化

高校结合自身实际制定实施细则，具体评价指标权重应根据学校自身实际情况合理分配。

2. 评价主体多元化

传统的大学生考核评审往往是教师对学生的单方面评价，好的考核评审制度应强调评价主体多元化，要求教师、学生和家长共同参与。

3. 评价方式多样化

在评价方式上采取主观和客观相结合的方式，可以从多方面多角度地去考查学生对知识的掌握程度和对知识的理解及应用能力。

3.3.6 加强教师队伍建设，提升师资水平

教师负责制是我国大学教育的主要形式，作为大学生从事学习和科研的领路人，教师队伍的质量直接决定了大学生创新能力的水平。

1. 改革教师聘任制度

教师对大学生的影响是全方位的，为了确保大学生培养质量，在教师遴选过程中，高校应本着公平、公正、公开的原则，制定科学合理的量化指标体系，对教师的专业素养、科研水平、行为规范、学术道德等指标，制定客观公正的选拔标准、灵活多样的选拔方式、科学严谨的选拔程序，筛选出具备精湛的业务素质和高尚的道德修养的优秀教师。教师的专业技能强，学生便能接受全面、系统、科学的专业知识，为大学生创新能力的培养打牢根基；品德高尚的教师，能够在教学和科研活动中保持良好的道德情操，以德服人，引导学生形成正确的世界观、人生观和价值观。

2. 组建教师队伍

在教师负责制的基础上，充分发挥教师团队在创新人才培养过程中的促进作用。

3. 严格教师考核制度

定期对教师进行考核，实行竞争上岗、能上能下的动态考核机制。

3.3.7 营造良好创新氛围，培养学生创新意识

良好的创新氛围是学生创新能力生长的沃土，能够激发大学生学习科学、运用科学的主动性和积极性，培养大学生的创新意识和创新能力，促使大学生不断创新。

1. 开展形式多样的学术交流活动

鼓励大学生参与国内、国际高水平学术会议,了解学术发展前沿,掌握研究热点及最新科技成果。

2. 鼓励竞赛活动

鼓励大学生参加课外学术科技创新和各种学术竞赛,如课外科技作品竞赛、全国大学生信息安全竞赛、计算机网络设计大赛、数学建模大赛、结构设计大赛等。

本 章 小 结

本章主要从国外大学生的创新能力培养途径与方法、国内部分理工类高校大学生创新能力培养的先进经验、提升理工类大学生创新能力的主要途径三个方面进行介绍,每一个方面又从不同的角度来具体阐述。

就国外大学生的创新能力培养途径与方法而言,本节分别从德国高校大学生创新能力培养模式、美国高校大学生创新能力培养情况与分析、英国高校大学生创新能力培养路径分析、日本高校大学生创新能力培养改革措施这四个角度来解释,国外的大学教育起步较早,柏林大学的建立意味着现代意义上的大学教育的诞生,美国、英国和日本在德国先进的大学培养模式的影响下陆续开展了相应的大学教育改革,取得了一系列的成效。经过多年的探索与实践,各国已基本上形成了独具特色的大学生创新能力培养体系,不仅为繁荣本国经济提供了大量的创新人才储备,也为世界各国创新型人才的培养树立了典范。

就国内部分理工类高校大学生创新能力培养的先进经验而言,本节列举了国内几所著名高校的创新教育理念。大学生是祖国未来发展的主力军,创新是一个民族发展的不竭动力,所以培养大学生的创新能力显得尤为重要。本章对国内三所理工类高校的大学生创新能力培养改革措施进行介绍,分别指出各高校在大学生创新能力培养过程中独具特色的做法,并对这些改革举措进行归纳梳理,以期对提升我国理工类大学生创新能力有所帮助。

最后,本章从优化招生制度、构建跨学科培养模式、科研与教学相融合、健全产学研协同育人机制、完善考核评审制度、加强教师队伍建设、营造良好创新氛围七个方面来阐述大学生创新能力提升的途径。

本 章 思 考 题

1. 简述美国高校大学生创新能力培养的目标及过程。
2. 我国重点高校是如何通过改革大学生培养机制来提升人才质量的?
3. 我国提升大学生创新能力的主要途径有哪些?

第4章 "互联网＋"背景下的创新创业

近年来,国家高度重视高等教育的发展,党中央、国务院十分关注大学生创新创业教育工作。在2015年3月5日召开的第十二届全国人民代表大会上,李克强总理在做政府工作报告时明确提出了"互联网＋"行动计划。这是"互联网＋"这一概念首次出现在总理政府工作报告之中,并将"互联网＋"产业提升到空前的高度。为了适应互联网新形态,迎接经济转型和社会发展带来的机遇与挑战,破解大学生就业难题,高校创新创业教育改革势在必行。本章主要从"互联网＋"的相关理论、应用领域和创新创业案例三个方面展开,重点对大学生创新创业这一层面进行了详细的介绍。

4.1 "互联网＋"的相关理论

"互联网＋"是创新2.0下的互联网发展新业态,是知识社会创新2.0推动下的互联网形态演进及其催生的经济社会发展新形态,图4-1列举了"互联网＋"与我们现代生活的结合。以人与人相连为特点的当代互联网,将变为人与人、人与物、物与物相连的三位

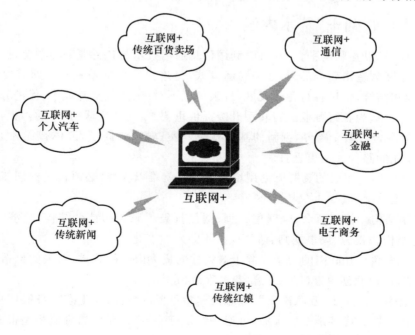

图4-1 "互联网＋"与我们的生活

一体的新一代互联网。通俗地说,"互联网+"就是"互联网+各个传统行业",但这并不是简单地将两者相加,而是利用信息通信技术以及互联网平台,让互联网与传统行业进行深度融合,创造新的发展生态。它代表一种新的社会形态,即充分发挥互联网在社会资源配置中的优化和集成作用,将互联网的创新成果深度融合于经济、社会各领域之中,提升全社会的创新力和生产力,形成更广泛的以互联网为基础设施和实现工具的经济发展新形态。

4.1.1 "互联网+"概念提出

2012年11月易观国际董事长兼首席执行官于扬在易观第五届移动互联网博览会的发言中,首次提出"互联网+"理念。他认为,在未来,"互联网+"公式应该是我们所在的行业的产品和服务,在与我们未来看到的多屏全网跨平台用户场景结合之后产生的这样一种化学公式。2014年11月,李克强总理在出席首届世界互联网大会时指出,互联网是大众创业、万众创新的新工具。

2015年3月,全国两会上,全国人大代表马化腾提交了《关于以"互联网+"为驱动,推进我国经济社会创新发展的建议》的议案,表达了对经济社会创新的建议和看法。他呼吁,我们需要持续以"互联网+"为驱动,鼓励产业创新,促进跨界融合,惠及社会民生,推动我国经济和社会的创新发展。

2015年12月16日,第二届世界互联网大会在浙江乌镇开幕。在"互联网+"论坛上,中国互联网发展基金会联合百度、阿里巴巴、腾讯三大互联网企业共同发起倡议,成立"中国互联网+联盟"。

4.1.2 "互联网+"基本内涵

"互联网+"以互联网平台为基础,利用信息通信技术与各行业跨界融合,推动产业转型升级,并不断创造出新产品、新业务与新模式,是连接一切的新业态。即需要将互联网与传统行业相结合,促进各行各业发展,打破信息不对称、降低交易成本、促进分工深化和提升劳动生产率,为各行各业进行转型升级提供重要平台。"互联网+"的六大特征如下。

① 跨界融合。敢于跨界,创新的基础就更坚实;融合协同了,群体智能才会实现,从研发到产业化的路径才会更垂直。

② 创新驱动。粗放的资源驱动型增长方式早就难以为继,必须转变到创新驱动发展这条正确的道路上来。

③ 重塑结构。信息革命、全球化、互联网已打破了原有的社会结构、经济结构、地缘结构、文化结构。权力、议事规则、话语权在不断发生变化。

④ 尊重人性。互联网的力量来源于对人性的最大限度的尊重、对人的创造性发挥的重视。例如,用户原创内容(UGC)、卷入式营销、分享经济。

⑤ 开放生态。关于"互联网+",生态是非常重要的特征,而生态本身就是开放的。

⑥ 连接一切。连接是有层次的,可连接性是有差异的,连接的价值相差很大,但是连接一切是"互联网+"的目标。

4.1.3 "互联网+"的消费模式新常态

消费模式不仅反映了消费的主要内容,还反映了经济社会生活的准则。实践表明,互联网大大拓展了全社会沟通活动的空间,极大地变革着人们的消费模式。"互联网+"背景下的消费模式完全不同于传统消费模式,对商品生产、市场流通、经营销售都产生了巨大的影响,合成了消费模式的新常态,如图 4-2 所示。消费模式新常态的特点如下。

图 4-2 "互联网+"背景下的消费模式新常态

1. 满足了消费需求,使消费具有互动性

"互联网+"间接地促进了消费个性化趋势的形成,消费者成为商品和服务的生产出发点与归宿,与生产有了直接紧密的联系。这种互动性体现的不仅是一种商业模式,更代表着未来新经济和新文化的发展方向和趋势。

2. 优化了消费结构,使消费更具有合理性

互联网信息技术有助于实现空间分散、时间错位之间的供求匹配,从而可以更好地提高供求双方的福利水平,进而优化升级人们的基本需求。

3. 扩展了消费范围,使消费具有无边界性

互联网消费突破了空间的限制。随着互联网在全球普及范围的逐步扩大,消费者能在世界各地购买商品和服务,互联网为人们提供了超越国家和地区边界的能力,互联网消费没有了边界的限制。

4. 改变了消费行为,使消费具有分享性

互联网的时效性、综合性、互动性和使用便利性使消费者能方便地对商品的价格、性能、使用感受进行分享,消费者"货比三家"的困难程度被大大降低。这种信息体验对消费模式转型产生越来越重要的影响。

5. 丰富了消费信息，使消费具有自主性

"互联网+"时代的消费者不喜欢被动接受消费品和服务，他们更倾向于选择流行、时尚、前卫的新鲜事物来彰显自我魅力。

4.2 "互联网+"背景下的创新性应用领域

在当前"全民创业"时代的常态下，传统行业与互联网相结合的项目越来越多，这些项目从诞生开始就是"互联网+"的形态，因此它们不需要再像传统企业一样转型与升级。"互联网+"正是要促进更多的互联网创业项目的诞生，"互联网+"部分成果如下：

- 互联网+个人汽车=优步（Uber）、滴滴等；
- 互联网+传统交通=滴滴等；
- 互联网+传统百货卖场=京东、天猫等；
- 互联网+通信=即时通信；
- 互联网+金融=支付宝、京东金融等；
- 互联网+传统集市=淘宝、拼多多等；
- 互联网+传统红娘=相亲网站；
- 互联网+传统新闻=新媒体。

4.2.1 "互联网+"工业

传统制造业企业采用移动互联网、大数据、云计算、物联网等技术，改造原有产品及研发生产方式，这就是"互联网+"工业，如图4-3所示。它与"工业互联网""工业4.0"的内涵一致。"互联网+"工业是全球工业系统与高级计算、分析、感应技术以及互联网连接融合的结果。它通过智能机器间的连接并最终将人机连接，结合软件和大数据分析，重构全球工业、激发生产力，让世界更美好、更快速、更安全、更清洁且更经济。

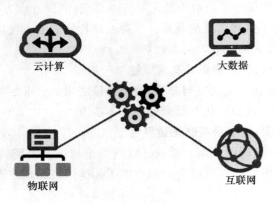

图4-3 "互联网+"工业

1. 互联网+工业

借助互联网技术，传统制造厂商可以在汽车、家电、配饰等工业产品上增加网络软硬件模块,实现用户远程操控、数据自动采集分析等功能,极大地改善了工业产品的使用体验。

2. 云计算+工业

采用云计算技术,一些互联网企业打造了统一的智能产品软件服务平台,为不同厂商生产的智能硬件设备提供统一的软件服务和技术支持,优化用户的使用体验,并实现各产品的互联互通,产生协同价值。

3. 大数据+工业

围绕典型智能制造模式,大数据+工业改进了从客户需求到销售、订单、计划、研发、设计、工艺、制造、采购、供应、库存、发货和交付、售后服务、运维、报废或回收再制造等整个产品全生命周期各个环节所产生的各类数据及相关技术和应用。其以产品数据为核心,极大延展了传统工业数据范围,同时还包括工业大数据相关技术和应用。

4. 物联网+工业

运用物联网技术,工业企业可以将机器等生产设施接入互联网,构建网络化物理设备系统(CPS),进而使各生产设备能够自动交换信息、触发动作和实施控制。物联网技术有助于加快生产制造商对实时数据信息的感知、传送和分析,加快生产资源的优化配置。

4.2.2 "互联网+"金融

互联网金融是指传统金融机构与互联网企业利用互联网技术和信息通信技术实现资金融通、支付、投资和信息中介服务的新型金融业务模式。互联网金融不是互联网和金融业的简单结合,而是在实现安全、移动等网络技术水平上,被用户熟悉接受后(尤其是对电子商务的接受),自然而然为适应新的需求而产生的新模式及新业务。

从2013年以在线理财、支付、电商小贷、P2P、众筹等为代表的细分互联网嫁接金融的模式进入大众视野以来,互联网金融已然成为一个新金融行业,并为普通大众提供了更多元化的投资理财选择。对于互联网金融而言,2013年是初始之年,2016年规范了互联网金融的发展,2017年对互联网金融等累积风险提高了警惕,2018年健全了互联网金融监管,2019年互联网金融进入了强监管周期。互联网金融模式如图4-4所示。

图 4-4 互联网金融六大模式

1. 第三方支付

第三方支付狭义上是指具备一定实力和信誉保障的非银行机构，借助通信、计算机和信息安全技术，采用与各大银行签约的方式，在用户与银行支付结算系统间建立连接的电子支付模式。从广义上讲第三方支付是指非金融机构作为收、付款人的支付中介所提供的网络支付、预付卡、银行卡收单以及中国人民银行确定的其他支付服务。第三方支付已不仅仅局限于最初的互联网支付，而是成为线上线下全面覆盖，应用场景更为丰富的综合支付工具。

自2011年到2013年7月份，中国人民银行已发放250张第三方支付牌照。目前，除了大家熟知的中国银联和支付宝外，具有代表性的第三方支付机构还包括财付通、快钱支付、易宝支付等。而从发展路径与用户积累途径来看，市场上第三方支付公司的运营模式可以归为两大类：一类是以支付宝、财付通为首的依托于自有B2C、C2C电子商务网站，提供担保功能的第三方支付模式；另一类是以快钱支付为典型代表的独立第三方支付模式。

2. P2P网贷

P2P网贷即通过第三方互联网平台进行资金借、贷双方的匹配。需要借贷的人群可以通过网站平台寻找有出借能力并且愿意基于一定条件出借的人群，网站平台帮助贷款人通过和其他贷款人一起分担一笔借款额度来分散风险，也帮助借款人在充分比较信息的基础上选择有吸引力的利率条件。

近两年，我国P2P网络市场出现了爆炸式增长，无论是平台规模、信贷资金，还是参与人数、社会影响都有较大增长。据统计，2014年，P2P平台数量已经达到1 575家，全年成交金额2 528亿元。P2P规模的飞速发展为中小微企业开拓了新的融资渠道，也为居民进行资产配置提供了新的平台。

3. 众筹融资

众筹的字面意思为大众筹资或群众筹资，是指用团购预购的形式，向网友募集项目资金的模式。众筹的本意是利用互联网和社交网络传播的特性，让创业企业、艺术家或个人对公众展示他们的创意及项目，争取大家的关注和支持，进而获得所需要的资金援助。

众筹这种融资模式具有融资门槛低、融资成本低、期限和回报形式灵活等特点，是初创型企业除天使投资之外的重要融资渠道。我国已成立的众筹平台超过100家，其中约六成为商品众筹平台，纯股权众筹平台约占两成，其余为混合型平台。

4. 大数据金融

大数据金融是指依托海量、非结构化的数据，通过互联网、云计算等信息化方式对其数据进行专业化的挖掘和分析，并与传统金融服务相结合，创新性地开展相关资金融通工作的统称。

大数据金融扩充了金融业的企业种类，并创新了金融产品和服务，扩大了客户范围，降低了企业成本。

大数据金融按照平台运营模式，可分为平台金融和供应链金融两大模式。两种模式的代表企业分别为阿里金融和京东金融。

5. 信息化金融机构

信息化金融机构，是指通过广泛运用以互联网为代表的信息技术，在互联网金融时代，对传统运营流程、服务产品进行改造或重构，实现经营、管理全面信息化的银行、证券和保险等金融机构。

互联网金融时代，信息化金融机构的运营模式相对于传统金融机构运营模式发生了很大的变化，目前信息化金融机构主要运营模式可分为以下三类：传统金融业务电子化模式、基于互联网的创新金融服务模式、金融电商模式。

传统金融业务电子化模式主要包括网上银行、手机银行、移动支付和网络证券等形式；基于互联网的创新金融服务模式包括直销银行、智能银行等形式及银行、券商、保险等创新型服务产品；金融电商模式就是以中国建设银行"善融商务"电子商务金融服务平台、泰康人寿保险电商平台为代表的各类传统金融机构的电商平台。

6. 互联网金融门户

互联网金融门户是指利用互联网提供金融产品、金融服务信息汇聚、搜索、比较及金融产品销售并为金融产品销售提供第三方服务的平台。

基于相关互联网金融门户平台的服务内容及服务方式，笔者将互联网金融门户分为第三方资讯平台、垂直搜索平台以及线上金融超市三大类。第三方资讯平台是提供全方位、权威的行业数据及行业资讯的门户网站，典型代表为网贷之家、和讯网等。垂直搜索平台是聚焦金融产品的垂直搜索门户，消费者在门户上可以快速地搜索到相关的金融产品信息，典型代表为融360等。而线上金融超市的业务形态是在线导购，提供直接的购买匹配，因此该类门户集聚着大量金融类产品，利用互联网进行金融产品销售，并提供与之相关的第三方服务。典型代表为大童网、格上理财、91金融超市以及软交所科技金融超市等。

此外，互联网金融门户又可以根据汇集的金融产品、金融信息的种类，将其细分为P2P网贷类门户、信贷类门户、保险类门户、理财类门户以及综合类门户五个子类。

4.2.3 "互联网+"医疗

互联网医疗，是互联网在医疗行业的新应用，其包括以互联网为载体和技术手段的健康教育、医疗信息查询、电子健康档案、疾病风险评估、在线疾病咨询、电子处方、远程会诊、远程治疗和康复等多种形式的健康医疗服务。互联网医疗，代表了医疗行业新的发展方向，有利于解决中国医疗资源不平衡和人们日益增长的健康医疗需求之间的矛盾，是国家积极引导和支持的医疗发展模式。

现实中存在看病难、看病贵等难题，业内人士认为，"互联网+"医疗有望从根本上改善这一医疗生态。在传统的医患模式中，患者普遍存在事前缺乏预防，事中体验差，事后无服务的现象。而通过互联网医疗，患者有望从移动医疗数据端监测自身健康的数据，做好事前防范；如图4-5所示，在诊疗服务中，依靠移动医疗实现网上挂号、询诊、购买、支付，降低了时间和经济成本，提升了事中体验，并依靠互联网在事后与医生沟通。

百度、阿里巴巴、腾讯先后涉足互联网医疗产业，形成了巨大的产业布局网，它们利用各自优势，通过不同途径实现着改变传统医疗行业模式的梦想。

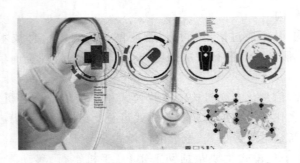

图 4-5　互联网医疗

百度利用自身搜索霸主身份，推出"健康云"概念，基于百度擅长的云计算和大数据技术，形成"监测、分析、建议"的三层构架，对用户数据实行存储、分析和计算，为用户提供专业的健康服务。

4.2.4　智慧城市

智慧城市是以为民服务全程全时、城市治理高效有序、数据开放共融共享、经济发展绿色开源、网络空间安全清朗为主要目标，通过体系规划、信息主导、改革创新，推进新一代信息技术与城市现代化深度融合、迭代演进，实现国家与城市协调发展的新生态。

李克强总理在政府工作报告中首次提出"互联网＋"行动计划，并强调要发展"智慧城市"，保护和传承历史、地域文化。加强城市供水供气供电、公交和防洪防涝设施等建设。坚决治理污染、拥堵等城市病，让出行更方便、环境更宜居（图 4-6）。

图 4-6　智慧城市

智慧城市是推动城镇化发展、解决超大城市病及合理建设城市群的新型城市形态，而"互联网＋"正是解决资源分配不合理、重新构造城市机构、推动公共服务均等化等问题的利器。例如，在推动教育、医疗等公共服务均等化方面，基于互联网思维，搭建开放、互动、参与、融合的公共新型服务平台，通过互联网与教育、医疗、交通等领域的融合，推动传统行业的升级与转型，从而实现资源的统一协调与共享。

智慧城市正为互联网与行业产业的融合发展提供了应用土壤，一方面智慧城市推动了传统行业转型升级，在遭遇资源瓶颈的形势下，为传统产业通过互联网思维及技术突破推进产业转型、优化产业结构提供了新的空间；另一方面智慧城市进一步推动了以移动互联网、云计算、大数据、物联网等新一代信息技术为核心的信息产业发展,为以互联网为代表的新一代信息技术与产业的结合与发展带来了机遇和挑战,催生了跨领域、融合性的新兴产业形态。

4.3 "互联网+"创新创业案例

"互联网+"时代的汹涌来临,我们熟知的一切事物都在发生改变,商业模式的剧烈变化正在席卷各行各业,所有坚硬的壁垒都将消散,所有的企业都面临着商业模式的再探索和转型。这不仅仅是这个时代新创公司的特征,也是当今互联网领域所有存活下来的巨头们的轨迹。百度、阿里巴巴、腾讯(BAT)三大互联网巨头通过创新快速占有互联网资源,使其创业项目占据中国市场,现如今大学生也可以通过"互联网+"参与到创新创业热潮中,其中以 Uber 为大学生创业的典范。

4.3.1 BAT:移动生态系统的"三国演义"

提起互联网,大部分人都会想到与我们当前社交生活息息相关的三大互联网巨头:百度公司(Baidu)、阿里巴巴集团(Alibaba)、腾讯公司(Tencent),取各公司首字母将其称为 BAT。百度、阿里巴巴、腾讯作为三个操纵手,几乎掌握了所有的互联网资源;同时,他们又相互制约,各有利弊,就像三国鼎盛期的魏蜀吴一样,雄踞一方,形成了中国互联网的三足鼎立之势,这是中国互联网的 2.0 时代。伴随着移动互联网的转型,移动互联网时代加速到来,PC 时代百度专注搜索、阿里巴巴专注电商、腾讯专注社交的市场格局正在悄然发生变化,BAT 业务版图越摊越大,交叉越来越多,竞争越来越密集,使得各个行业间的边界不断消融。

下面简单介绍这三大巨头的创业经历。

1. 百度

2000 年李彦宏创立了百度,将"人"和"信息"进行了连接。2000—2004 年,百度工程师面对强大的谷歌普遍有自卑心理,认为百度"加上兼职人员、前台服务人员才二十来人",绝对无法与谷歌竞争。在这种情况下,2004 年李彦宏被迫从 CEO 位置下来做一个项目的经理,开始进行超越谷歌的"闪电计划"。

李彦宏回忆说,当时的策略是"用百度强的地方攻谷歌弱的地方"。百度很快找到两个突破点:一是百度服务器在中国,可以抓到四倍于谷歌的中文信息,百度索引量每年涨 200%,谷歌每年仅涨 50%;二是在中文内容稀少的情况下,百度推出贴吧等产品来增加内容。几年下来,使用百度的用户数终于超过竞争对手。

李彦宏表示,多年来坚持做一件事情,并且跟着公司不断成长。"最根本的原因,还是自己心中的一个理想,想把一件事情做成。"在追逐理想的过程中会发生各种各样的变化,这时是否还能坚持理想,是成功与否的关键。

百度从一两个人发展到现在几万人,远超李彦宏创业时的想象。李彦宏总结了做好企业的三个心得:首先要有共同的使命目标,百度的使命是"让人们最便捷地获取信息,找到所求";其次是核心的公司文化,百度"简单可依赖"文化已为每个员工理解、认同和贯彻；最后是高效的流程和制度，"想要做世界级的公司，必须要有世界级的流程"。

李彦宏还强调，未来操作系统越来越不重要，相反，构建在操作系统上的服务很重要。不管百度做不做操作系统，未来整个 IT 产业的重心会从操作系统转到互联网服务。百度不仅要有网页检索，还要有贴吧、知道等一系列用户非常喜欢的服务。

2. 阿里巴巴

马云从 1994 年开始创业，经历了中国互联网从萌芽到繁盛的蜕变，他浓缩了中国创业者所经历过的磨难和辉煌：三次创业，上市退市，与大股东争执，不担任 CEO，直到阿里巴巴赴美上市。

1999 年创立的阿里巴巴，将"人"和"商品"进行了连接。2003 年 5 月，阿里巴巴推出个人电子商务网站——淘宝网。为了和当时已经相当有实力的 eBay 竞争，淘宝采取了完全免费的模式，阿里巴巴为此每年投入巨资，而如今，阿里巴巴已经是中国最强大的在线购物平台。2013 年 5 月，阿里巴巴集团联合银泰集团、复星集团、富春控股集团、顺丰速运、中通、圆通、申通、韵达等多家民营企业，在深圳联合成立菜鸟网络科技有限公司，同时启动中国智能骨干网（简称 CSN，阿里巴巴内部称之为物流地网）的项目建设，马云在卸任阿里巴巴集团 CEO 职位后，再度出山组建物流网络平台并担任菜鸟网络科技有限公司的董事长。阿里巴巴旗下的部分集团业务如图 4-7 所示。

图 4-7　阿里巴巴旗下的集团业务

3. 腾讯

1993 年马化腾从深圳大学毕业后，进入深圳润迅公司，开始做软件工程师。1997 年，马化腾第一次认识了 ICQ。一见面，他便被其无穷的魅力所吸引，立即注册了一个账号。可是使用了一段时间，他觉得英文界面的 ICQ 在中文用户中推广开来不是一件容易的事儿。于是他想，自己能否做个类似于 ICQ 的中文版本工具呢？于是，腾讯 QQ 诞生了。

1998 年创立的腾讯，将"人"和"人"进行了连接。1999 年年初，腾讯开发出第一个"中国风味"的 ICQ，即腾讯 QQ，受到用户欢迎。就在马化腾为资金犯难的时候，他有了要把 QQ 卖掉的想法，先后和四家公司谈判，都以失败告终。马化腾只好四处筹钱。1999 年下半年，从美国到中国，互联网开始升温，受昔日老友丁磊海外融资的启发，马化腾拿着改了 6 次的版本——20 多页的商业计划书开始寻找国外风险投资，最后碰到了 IDG 和盈科数码，它们给了 QQ 220 万美元的投资。从此，新一轮的创业开始。在 2004 年 9 月，腾讯 QQ 总注册用户数已有 3.55 亿人，活跃用户数 1.19 亿人，QQ 最高同时在线 730 万人、QQ 游戏最高同时在线 78 万人，腾讯跃居中国第一大休闲游戏门户。

4. BAT 的大数据

BAT 的大数据对比如表 4-1 所示。百度拥有两种类型的大数据：用户搜索表征的需求数据、爬虫和阿拉丁获取的公共 Web 数据。

阿里巴巴拥有交易数据和信用数据。这两种数据更容易变现，挖掘出商业价值。除此之外，阿里巴巴还通过投资等方式掌握了部分社交数据、移动数据，如微博和高德地图上的数据。

腾讯拥有用户关系数据和基于此产生的社交数据。这些数据可以分析人们的生活和行为，从里面挖掘出政治、社会、文化、商业、健康等领域的信息，甚至预测未来。

表 4-1　BAT 的大数据对比

公司	数据	技术	人才	方向
百度	公共数据 需求数据	数据聚合 语义理解 深度学习	高价＋用心挖掘相关领域高端人才	注重研究与实用性结合，仍然围绕搜索
阿里巴巴	交易数据 信用数据	底层系统 并发处理	系统级别人才，如 Linux、Kernal、数据库、服务器人才	完善底层系统，做分享平台
腾讯	关系数据 社交数据	技术低调 执行力强 封闭开发 集体加班 重金激励	识别高绩效、高潜力人才，同时注重与高校的合作	先将产品补全，形成稳定生态圈，面向产品进行挖掘

5. 大数据时代的 BAT 生意经

大数据时代，BAT 三巨头对于大数据的布局有何异同？谁更有潜力？枯燥的数据如何转换成生意？

百度——技术为王：百度的技术产品既是百度完善移动服务交易闭环的重要工具，也是百度实现商业变现的重要保障。

阿里巴巴——交易至上：交易以及信用数据成为阿里巴巴的第一手材料。"云端＋大数据"是阿里巴巴的战略。

腾讯——社交为先：腾讯拥有的社交大数据可以帮助其完成数据的制造、流通、消费和挖掘。

总之，大数据的利用难点在于技术。

从数据收集到数据存储、数据清洗，再到脱敏、归类、标签化、结构化，以及最后的建模分析、挖掘利用，均是技术活儿。需要服务器集群、数据利用模型和数据处理算法来保障，然后才是挖掘出来的结果的包装、变现。百度含着数据出生，天生具备大数据挖掘能力。随着支付闭环的打造，数据也可以在各种各样的场景下找到落脚点。而阿里巴巴和腾讯作为业务驱动和产品驱动的公司，要下大力气将底层的大数据打通，进一步挖掘数据，让数据更好地为公司服务。

6. 在数据生意面前，BAT三家的作战章法

百度的发力方向有两个：大数据与人工智能，如果算上基础设施，还可以加上用来处理数据和人脑模拟的云计算平台。

阿里巴巴在PC互联网时代占据了电商的半壁江山，以此拥有了自己首批网购人群，这部分人群有很好的线上消费意识。阿里巴巴布局支付较早，所以在用户支付使用习惯上有较强的把控能力，目前看，移动支付的市场份额还是阿里巴巴领先，这些都成为阿里巴巴能在移动时代向生活服务类产品过渡的基础。

腾讯的微信是社交属性最强的产品，现在它正朝着平台级产品去发展，但是这与用户对产品的认知是有一定冲突的。微信与购物等有关的需求已经是次一级的需求，因此，微信一直以来都在"造场景"，如微信会员卡、自动售卖机支付、打车、红包、线下购物等。

谁会跌出三巨头？谁有机会成为和BAT并肩的第四人？

几年前，BAT一统天下的格局还被人们认为坚不可摧，但如今，格局变化的可能性被更多人接受。根本原因在于，互联网的发展发生了重大变化。

从桌面互联网到移动互联网，从消费互联网到产业互联网，从互联网到物联网，这三大变化给了后来者弯道超车的机会。从历史来看，这种格局变化遵循着两大法则。

（1）周期法则。旧霸主不可能自我革命，IBM、微软等巨头的表现说明，新发展周期来临时，旧霸主不再可能通吃全盘，会给新巨头留下空间。称霸的周期亦呈缩短之势。

（2）幂次法则。硅谷投资家彼得·蒂尔称幂次法则是宇宙法则，该法则认为世界的分布是不均匀的，最有破坏力的地震比所有小地震加起来造成的破坏还严重，最大的城市比所有微型城市加起来还要大。新兴公司也是如此，因此旧寡头留下的空间不会被一群中小公司均分，而是由新巨头填充。

综上可知，随着互联网新阶段来临，新巨头的崛起成为大概率事件。如果将互联网拆解成"人、商品、信息、服务"四个元素，每个元素的连接点，都是一个巨大的商业机会。以国内互联网行业的现状来看，目前"人"和"信息"连接点的老大是百度；在"人"和"商品"的连接点上，阿里巴巴一家独大；说起"人"和"人"连接点的控制者，腾讯当仁不让……最后这个"人"和"服务"的连接点，谁能牢牢把控住，谁就有机会成为和BAT三巨头并肩的第四人。

4.3.2 Uber：共享经济模式探求

1. Uber公司发展状况概述

Uber Technologies（简称Uber，中文译作"优步"）是一家风险投资的创业公司和交通网络公司。Uber由加利福尼亚大学洛杉矶分校辍学学生特拉维斯·卡兰尼克和好友加勒特·坎普于2009年创立（图4-8），总部位于美国加利福尼亚州旧金山。截至2015年，它已在全球56个国家和地区的300座城市改变着用户的出行方式，Uber公司估值已达500亿美元。Uber智能手机App领先的技术平台，将乘客与司机即时、就近、精确、无缝连接，为乘客提供多样化的出行选择和高品质的服务。

图 4-8 Uber 创始人

Uber 的主要发展轨迹如图 4-9 所示。

图 4-9 Uber 的主要发展轨迹

2. Uber 商业模式的优势

Uber 的价值主张主要从四个方面展开：整合闲置资源、提升运营效率、关注服务体验以及倡导共享经济，如图 4-10 所示。

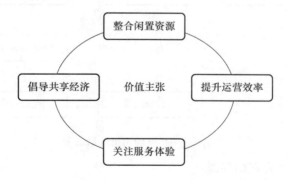

图 4-10 Uber 的价值主张

（1）整合闲置资源

Uber 的出发点就是利用科技整合各路资源，它在互联网上整合闲置的私人汽车资源、闲置的租赁公司汽车资源和闲置的出租车公司的高档汽车资源，向中高端人群提供用车服务。

（2）提升运营效率

定位、挖掘、匹配，"移动互联网＋"技术无疑大大提高了出行的效率，有效地降低了服务提供方和需求方之间的信息不对称性。

（3）关注服务体验

在保障用户体验方面，Uber 几乎做到了极致。Uber 的司机没有选择用户的权利，也没有拒载权。一旦用户发出了叫车信息，Uber 会自动将其分配给最近的空载车辆司机，司机只能接受，图 4-11 所示是用户打车的流程。

图 4-11　Uber 的用户叫车流程

（4）倡导共享经济

Uber 一直在提倡共享经济：公司不需要为司机提供固定的办公室，与司机之间也不需要签订规定工作内容的合同，司机的工作时间灵活多变，而且拥有相当可观的收入。这改变了人们的生活，也改变了人们的工作。它使更多的劳动力（闲置的私家车主）进入了市场，并获得了灵活的劳动时间。这正是 Uber 商业模式大获成功的地方：一种弹性的、可选择的工作方式。想做的时候，门槛很低（有一辆车并且会开），不想做的时候也随时可以选择不做，不受出勤制度的约束。这样的轻松状态，吸引了更多私家车主加入这个行列，图 4-12 所示是注册为 Uber 司机的流程图。

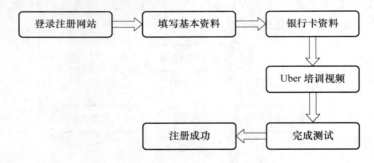

图 4-12　Uber 的司机注册流程

3．Uber 商业模式存在的问题

（1）合法性问题

Uber 是一种新型独特的商业模式，缺乏法律方面的相关规制，但归到出租车行业中，又不符合目前的行业监管制度，也就是说，目前 Uber 的运行中，存在监管的灰色地带。

（2）司乘安全问题

传统的出租车的司机都是经过严格培训，且在公司注册的。对于出租车司机，公司都能做到了解，并有相应的管理措施；对于乘客来说，坐上出租车后，安全和保险等都有所保障。但对于新兴的 Uber 这种模式来说，这些问题就暴露出来了。

(3) 技术问题

Uber 的技术在同行业中算是非常领先的，包括基本的 GPS 定位、计费系统以及依据拥堵情况设计的路线和自动调节价格等。不过，对于复杂而且不断更新的市场来说，有些方面还是显得落后。

本 章 小 结

本章主要介绍了"互联网＋"环境下，创新的应用及对当下人们生活的影响，并从"互联网＋"的相关理论、"互联网＋"背景下的创新性应用领域、"互联网＋"创新创业案例这三个方面进行详细介绍。

"互联网＋"的相关理论这一节主要从"互联网＋"的定义、基本内涵以及由互联网带动起来的消费模式新常态这些方面对其相关理论进行阐述。互联网是"大众创业、万众创新"的新工具；"互联网＋"被认为是创新 2.0 下的互联网发展新形态、新业态，是知识社会创新 2.0 推动下的经济社会发展新形态演进；互联网极大地变革着人们的消费模式，"互联网＋"背景下的消费模式完全不同于传统消费模式，对商品生产、市场流通、经营销售都产生了巨大的影响，合成了消费模式的新常态。

"互联网＋"背景下的创新性应用领域这一节主要从"互联网＋"工业、"互联网＋"金融、"互联网＋"医疗、"智慧城市"这四个领域进行介绍。"互联网＋"工业主要从互联网＋工业、云计算＋工业、大数据＋工业、物联网＋工业这四个角度进行介绍；"互联网＋"金融是指传统金融机构与互联网企业利用互联网技术和信息通信技术实现资金融通、支付、投资和信息中介服务的新型金融业务模式；"互联网＋"医疗有望从根本上改善现实中存在的看病难、看病贵等问题；"智慧城市"指"互联网＋"作为创新 2.0 时代智慧城市的基本特征，进一步完善城市的管理与运行功能，实现更好的公共服务，让人们生活更便利，让环境更宜居。

"互联网＋"的创新创业案例这一小节主要列举了较有影响力的创新成果，包括移动生态系统三大巨头 BAT 的发展及大学生的创业典范 Uber 公司。

本 章 思 考 题

1. "互联网＋"现已融入我们生活的方方面面，就某一领域谈谈你对"互联网＋"的认识。

2. 试举出几个"互联网＋"创新创业案例。

第 2 篇　创新的表示与保护

创新的核心是保护知识产权,鼓励批判性思维。知识产权是指人类智力劳动产生的智力劳动成果所有权。知识产权是依照各国法律赋予符合条件的著作者、发明者或成果拥有者在一定期限内享有的独占权利,一般认为它包括著作权(如计算机软件著作权)和工业产权(如专利、商标)。在"大众创业,万众创新"的大潮中,保护知识产权就是保护创新动力,这不仅有利于激发全民创新创业热情,还能提高企业创新积极性。为知识产权护航,就是为创新驱动赋能。因此,要推动创新,就必须加大对知识产权的保护力度,绝不允许创新成果被非法窃取。

创新的表示与保护主要通过申请专利、软件著作权登记、科技论文发表来实现。本部分主要通过介绍专利、计算机软件著作权登记、科技论文实例来引导创新者学会用法律(专利法)保护好自己的发明(科研)成果,并通过知识产权武器维护自己的合法权益。

第5章 专利
5.1 专利的含义及相关介绍
5.2 专利的特点、种类及原则
5.3 申请专利的优势及相关小知识
5.4 专利申请原则、流程及相关内容
5.5 专利优先权
5.6 专利代理机构及技术交底书撰写模板
5.7 专利申请实例

第6章 计算机软件著作权登记
6.1 计算机软件著作权相关概念及申请须知
6.2 软件著作权登记办理
6.3 软件著作权登记机构、办理时限及登记费用
6.4 软件著作权登记常见问题问答

第7章 科技论文格式和写作技巧
7.1 概念
7.2 科技论文的格式和写作技巧

第2篇　创新的表示与保护

第 5 章 专　　利

500多年的专利历史表明,专利制度鼓励发明创造,推动技术进步,促进生产力的发展。截至2016年年底,国内发明专利突破百万件。专利制度的特点是,国家用法律的手段保护发明创造,即通过在一定时期内授予专利权换取发明人向社会公开其发明创造的内容。随着互联网时代的发展与进步,在开放性和透明性日益增长的今天,专利展现出前所未有的重要地位,成为企业乃至整个国家提高核心竞争力的战略资源。一项发明创造要想获得专利保护必须依法进行专利申请获得专利权。对于个人或企业来说,提早申请专利有助于更好地保障专利权益,获取更有利的市场竞争和战略资源。

本章主要介绍专利的基本知识、申请流程及专利申请案例。通过实例解剖,引导学生学习模仿创作,还通过专利实例引导学生学会用法律(专利法)保护好自己的发明(科研)成果,并通过知识产权武器维护自己的合法权益。

5.1　专利的含义及相关介绍

专利(patent)一词来源于拉丁语 litterae patentes,意为公开的信件或公共文献,是中世纪的君主用来颁布某种特权的证明。对"专利"这一概念,目前尚无统一的定义,其中较为人们接受并被我国专利教科书普遍采用的一种说法是:专利是专利权的简称。它是由专利机构依据发明申请所颁发的一种文件。这种文件叙述发明的内容,并且产生一种法律状态,即该获得专利的发明在一般情况下只有得到专利所有人的许可才能利用(包括制造、使用、销售和进口等),专利的保护有时间和地域的限制。我国专利法将专利分为三种,即发明、实用新型和外观设计。

专利权可以保护知识产权,可以有效提升人们发明创造的热情。在我国,专利实行先申请原则,所以要把握好先机,对于自己的发明创造,一定要及时申请专利。

5.1.1　专利的含义

从字面看,"专利"即是指专有的利益和权利。在我国,专利的含义有两种:

(1) 口语中的专利仅仅指的是"独自占有"。例如,"这是我的专利。"

(2) 知识产权中的专利有三重意思,这三重意思比较容易混淆。

第一,专利权的简称,指专利权人对发明创造享有的专利权,即国家依法在一定时期内授予发明创造者或者其权利继受者独占使用其发明创造的权利,这里强调的是权利。专利权是一种专有权,这种权利具有独占的排他性。非专利权人要想使用他人的专利技术,必须依法征得专利权人的授权或许可。

第二，指受到专利法保护的发明创造，即专利技术，是受国家认可并在公开的基础上进行法律保护的专有技术。"专利"在这里具体指的是技术方法——受国家法律保护的技术或者方案。（所谓专有技术，是享有专有权的技术，这是更大的概念，包括专利技术和技术秘密。某些不属于专利和技术秘密的专业技术，只有在某些技术服务合同中才有意义。）

第三，指专利局颁发的确认申请人对其发明创造享有的专利权的专利证书或指记载发明创造内容的专利文献，指的是具体的物质文件。

需要注意的是，日常生活中，人们通常会把"专利"和"专利申请"两个概念混淆使用，比如有些人在其专利申请尚未授权的时候即声称自己有专利。其实，专利申请在获得授权前，只能称为专利申请，如果其能最终获得授权，则可以称为专利并对其所请求保护的技术范围拥有独占实施权，如果其最终未能获得专利授权，则永远没有成为专利的机会。很明显，这两个概念所代表的两种结果之间的差距是巨大的。

这里，专利前两个意思虽然意义不同，但都是无形的，第三个意思是指有形的物质。"专利"这个词语可以仅仅指其中一个意思，或者包含两个以上的意思，具体情况必须联系上下文来看。对"专利"这一概念，生活中人们一般笼统地认为：它是由专利机构依据发明申请颁发的一种文件，由这种文件叙述发明的内容，并且产生一种法律状态，即该获得专利的发明在一般情况下只有得到专利所有人的许可才能利用（包括制造、使用、销售和进口等）。

值得注意的是，专利的两个最基本的特征是"独占"与"公开"，以"公开"换取"独占"是专利制度最基本的核心，这分别代表了权利与义务。"独占"是指法律授予技术发明人在一段时间内享有排他性的独占权利；"公开"是指技术发明人作为对法律授予其独占权的回报而将其技术公之于众，使社会公众可以通过正常渠道获得有关专利的信息。世界知识产权组织（WIPO，World Intellectual Property Organization）的有关统计资料表明，全世界每年90%~95%的发明创造成果可以在专利文献中查到，其中约有70%的发明成果从未在其他非专利文献上发表过，在科研工作中经常查阅专利文献，不仅可以提高科研项目的研究起点和水平，而且可以节约60%左右的研究时间和40%左右的研究经费。

5.1.2 专利的法律含义

专利是受法律规范保护的发明创造，它是指一项发明创造向国家审批机关提出专利申请，经依法审查合格后向专利申请人授予的在规定的时间内对该项发明创造享有的专有权。

专利权是一种专有权，这种权利具有独占的排他性。非专利权人要想使用他人的专利技术，必须依法征得专利权人的同意或许可。

一个国家依照其专利法授予的专利权，仅在该国法律的管辖范围内有效，对其他国家没有任何约束力，外国对其专利权不承担保护的义务，如果一项发明创造只在我国取得专利权，那么专利权人只在我国享有独占权或专有权。

专利权的法律保护具有时间性，中国的发明专利权期限为二十年，实用新型专利权和外观设计专利权期限为十年，均自申请日起计算。

5.1.3 相关知识

2019年1月11日,国家知识产权局在例行新闻发布会上公布了2018年主要工作统计数据。2018年,我国发明专利申请量为154.2万件。共授权发明专利43.2万件,其中,国内发明专利授权34.6万件。在国内发明专利授权中,职务发明为32.3万件,占93.3%;非职务发明为2.3万件,占6.7%。截至2018年年底,我国发明专利拥有量共计160.2万件,每万人口发明专利拥有量达到11.5件。2018年,国家知识产权局共受理PCT国际专利申请5.5万件,同比增长9.0%。其中,5.2万件来自国内,同比增长9.3%。高价值发明专利审查周期压减10%,专利审查有责投诉同期下降52%。2018年,我国商标注册申请量达到737.1万件。商标注册量500.7万件,其中,国内商标注册479.7万件。截至2018年年底,我国有效商标注册量(不含国外在华注册和马德里注册)达到1 804.9万件,每万户市场主体商标拥有量达到1 724件。2018年,马德里商标国际注册申请量为6 594件。截至2018年年底,我国申请人马德里商标国际注册有效量为3.1万件,同比增长23.5%。2018年我国知识产权统计数据主要呈现出五个特点。一是我国知识产权创造水平稳中有进。二是国际社会对中国知识产权保护的信心持续增强。三是国内企业创新主体地位进一步提升。四是我国企业海外知识产权布局意识不断加强。我国申请人提交的马德里商标申请数量在马德里联盟中排名第三。五是我国发明专利质量呈现稳中向好态势。授权发明专利的权利要求数量和维持年限是衡量专利质量的重要指标。

在全球范围内,专利均被认为是衡量创新活动的工具,随着全球专利制度趋于协调,共同的经济驱动力成为影响专利申请的主要因素。

美国专利商标局的使命是:以高素质和多元化的团队为专利和商标申请提供优质及时的审查,引导国内外知识产权政策,并在世界范围内传播知识产权信息,进行知识产权培训,以促进创新、竞争力和经济增长。2018年美国专利商标局授权各类专利总计339 995项。比2017年下降了3%。其中,发明专利的数量最多,占总量的91%;设计专利的数量较少,占总量的9%。

欧洲专利局为了满足不断增长的服务需求,已经实施了一些内部改革,以实现其结构现代化,提高效率和提高质量标准。2018年度,共有174 317件欧洲发明专利申请,相比2017年的166 594件(直接申请加上进入欧洲阶段的PCT申请),增长了4.6%。

为了实现"世界上最快速、最优质的专利审查"目标,日本特许厅进一步加快专利审查,并继续着重提高专利审查质量。

5.2 专利的特点、种类及原则

5.2.1 专利的特点

专利制度是为了鼓励创新、推广应用、促进研发而设计的一项法律制度,其主要机制在于申请人对于符合要求的发明创造,通过一定的程序,以公开来换取政府机关给予的保护,从而在一定期限内禁止其他人未经允许而实施其发明创造。专利的特点如下。

1. 排他性

专利的排他性即独占性。它是指在一定时间（专利权有效期内）和区域（法律管辖区）内，任何单位或个人未经专利权人许可都不得实施其专利，即不得以生产经营为目的制造、使用、许诺销售、销售、进口其专利产品或者使用其专利方法，否则属于侵权行为。

2. 区域性

区域性是指专利权是一种有区域范围限制的权利，它只有在法律管辖区域内有效。除了在有些情况下，依据保护知识产权的国际公约，以及个别国家承认另一国批准的专利权有效以外，技术发明在哪个国家申请专利，就由哪个国家授予专利权，而且只在专利授予国的范围内有效，而对其他国家则不具有法律的约束力，其他国家不承担任何保护义务。但是，同一发明可以同时在两个或两个以上的国家申请专利，获得批准后其发明便可以在所有申请国获得法律保护。

3. 时间性

时间性是指专利只有在法律规定的期限内才有效。专利权的有效保护期限结束以后，专利权人所享有的专利权便自动丧失，一般不能续展。发明便随着保护期限的结束而成为社会公有的财富，其他人便可以自由地使用该发明来创造产品。专利受法律保护的期限的长短由有关国家的专利法或有关国际公约规定。世界各国的专利法对专利的保护期限规定也不同。

5.2.2　专利的种类

1. 发明专利

《中华人民共和国专利法》第二条对发明的定义是："发明，是指对产品、方法或者其改进所提出的新的技术方案。"

所谓产品是指工业上能够制造的各种新制品，包括有一定形状和结构的固体、液体、气体之类的物品。所谓方法是指对原料进行加工，制成各种产品的方法。发明专利并不要求它是经过实践证明可以直接应用于工业生产的技术成果，它可以是一项解决技术问题的方案或是一种构思，具有在工业上应用的可能性，但不能将这种技术方案或构思与单纯地提出课题、设想相混淆，因为单纯的课题、设想不具备工业上应用的可能性。

发明主要体现新颖性、创造性和实用性。取得专利的发明又分为产品发明（如机器、仪器设备、用具）和方法发明（制造方法）两大类。

发明专利证书如图5-1所示。

2. 实用新型专利

《中华人民共和国专利法》第二条对实用新型的定义是："实用新型，是指对产品的形状、构造或者其结合所提出的适于实用的新的技术方案。"

同发明一样，实用新型保护的也是一个技术方案。但实用新型专利保护的范围较窄，它只保护有一定形状或结构的新产品，不保护方法以及没有固定形状的物质。实用新型的技术方案更注重实用性，其技术水平较发明而言，要低一些，多数国家实用新型专利保护的都是比较简单的、改进性的技术发明，可以称为"小发明"。

图 5-1　发明专利证书

实用新型是指对产品的形状、构造或者其结合所提出的适于实用的新的技术方案,授予实用新型专利不需经过实质审查,手续比较简便,费用较低,因此,关于日用品、机械、电器等方面的有形产品的小发明,比较适用于申请实用新型专利。

实用新型专利证书如图 5-2 所示。

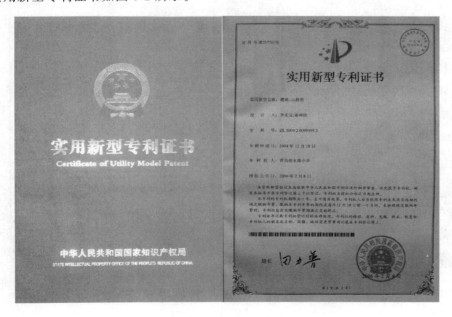

图 5-2　实用新型专利证书

3. 外观设计专利

《中华人民共和国专利法》第二条对外观设计的定义是："外观设计，是指对产品的形状、图案或者其结合以及色彩与形状、图案的结合所做出的富有美感并适于工业应用的新设计。"并在《中华人民共和国专利法》第二十三条对其授权条件进行了规定："授予专利权的外观设计，应当不属于现有设计；也没有任何单位或者个人就同样的外观设计在申请日以前向国务院专利行政部门提出过申请，并记载在申请日以后公告的专利文件中。"

外观设计与发明、实用新型有着明显的区别，外观设计注重的是设计人对一项产品的外观所做出的富于艺术性、具有美感的创造，但这种具有艺术性的创造，不是单纯的工艺品，它必须具有能够为产业应用的实用性。外观设计专利实质上是保护美术思想的，而发明专利和实用新型专利保护的是技术思想；虽然外观设计和实用新型与产品的形状有关，但两者的目的却不相同，前者的目的在于使产品形状产生美感，而后者的目的在于使具有形态的产品能够解决某一技术问题。例如，一把雨伞，如果它的形状、图案、色彩相当美观，那么应申请外观设计专利；如果雨伞的伞柄、伞骨、伞头结构设计精简合理，可以节省材料又具耐用性，那么应申请实用新型专利。

外观设计专利的保护对象，是产品的装饰性或艺术性外表设计，这种设计可以是平面图案，也可以是立体造型，更常见的是这二者的结合，授予外观设计专利的主要条件是新颖性。

外观设计专利证书如图 5-3 所示。

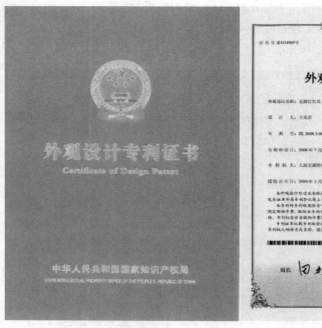

图 5-3　外观设计专利证书

5.2.3 专利的原则

1. 新颖性原则

新颖性,是指该发明或者实用新型不属于现有技术;也没有任何单位或者个人就同样的发明或者实用新型在申请日以前向国务院专利行政部门提出过申请,并记载在申请日以后公布的专利申请文件或者公告的专利文件中。

2. 创造性原则

创造性,是指与现有技术相比,该发明具有突出的实质性特点和显著的进步,该实用新型具有实质性特点和进步。

3. 实用性原则

实用性,是指该发明或者实用新型能够制造或者使用,并且能够产生积极效果。

能够制造或者使用,是指发明创造能够在工农业及其他行业的生产中大量制造,并且应用在工农业生产和人民生活中,同时产生积极效果。这里必须指出的是,专利法并不要求其发明或者实用新型在申请专利之前已经经过生产实践,而是分析和推断其在工农业及其他行业的生产中可以实现。

以上三条原则也是授予发明和实用新型专利权的三个实质条件,图5-4将其做了简要归纳。

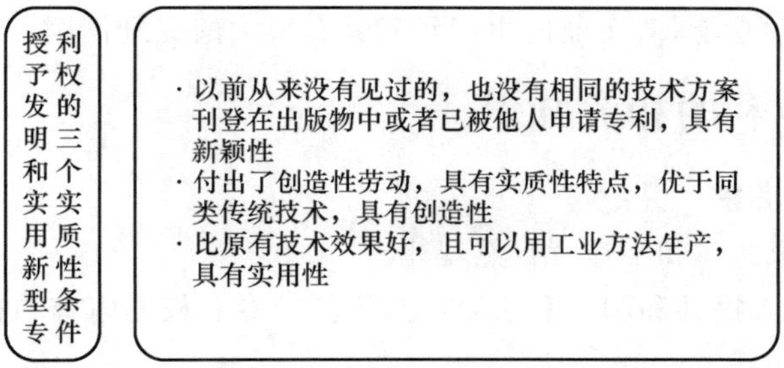

授予发明和实用新型专利权的三个实质性条件	· 以前从来没有见过的,也没有相同的技术方案刊登在出版物中或者已被他人申请专利,具有新颖性 · 付出了创造性劳动,具有实质性特点,优于同类传统技术,具有创造性 · 比原有技术效果好,且可以用工业方法生产,具有实用性

图5-4 获得专利权的三个实质性条件

5.3 申请专利的优势及相关小知识

5.3.1 申请专利的优势

① 通过法定程序确定发明创造的权利归属关系,从而有效保护发明创造成果,独占市场。

② 可以在市场竞争中争取主动,确保自身生产与销售的安全性,防止对手拿专利状告自己侵权(遭受高额经济赔偿,迫使自己停止生产与销售)。

③ 国家对专利申请有一定的扶持政策(如政府颁布的专利奖励政策、高新技术企业政策等),会给予部分政策、经济方面的帮助。

④ 专利权受到国家专利法保护,未经专利权人同意许可,任何单位或个人都不能

使用。

⑤ 自己的发明创造及时申请专利,使自己的发明创造得到国家法律保护,防止他人模仿本企业开发的新技术、新产品(构成技术壁垒,别人要想研发类似技术或产品必须经专利权人同意)。

⑥ 发明创造人的发明创造如果不及时申请专利,别人有可能会把发明创造人的劳动成果拿去申请专利,反过来向法院或专利管理机构告其侵犯专利权。

⑦ 可以促进产品的更新换代,提高产品的技术含量,提高产品的质量,降低成本,使企业的产品在市场竞争中立于不败之地。

⑧ 一个企业拥有多个专利是企业强大实力的体现,是一种无形资产和无形宣传(拥有自主知识产权的企业既是消费者认可的优秀企业,同时也是政府各项政策扶持的主要目标群体),21世纪是知识经济的时代,未来世界的竞争,就是知识产权的竞争。

⑨ 专利技术可以作为商品出售(转让),比单纯的技术转让更有法律和经济效益,从而达到其经济价值的实现。

⑩ 专利宣传效果好。

⑪ 拥有一定数量的专利还可作为企业上市和其他评审(如高新技术企业资格评审、科技项目的验收和评审等)的一项重要指标,比如,专利还具有科研成果市场化的桥梁作用。总之,专利既可用作盾,保护自己的技术和产品;也可用作矛,打击对手的侵权行为。充分利用专利的各项功能,对企业的生产经营具有极大的促进作用。

5.3.2 申请专利的相关知识

1. 申请专利的要求

(1) 不违反国家法律和不违背自然规律。

(2) 根据《中华人民共和国专利法》规定,不授予专利权的内容和技术领域如下:

① 科学发现;

② 智力活动的规则和方法;

③ 疾病的诊断和治疗方法;

④ 动物和植物品种;

⑤ 用原子核变换方法获得的物质;

⑥ 对平面印刷品的图案、色彩或者二者的结合做出的主要起标识作用的设计。

(3) 申请发明和实用新型专利的发明创造要符合新颖性、创造性、实用性的要求。

2. 申请日的重要性

根据《中华人民共和国专利法》第二十八条的规定:"国务院专利行政部门收到专利申请文件之日为申请日。如果申请文件是邮寄的,以寄出的邮戳日为申请日。"申请日在法律上具有十分重要的意义:它确定了提交申请时间的先后,按照先申请原则,在有相同内容的多个申请时,申请的先后决定了专利权授予谁;它确定了对现有技术的检索时间界限,这在审查中对决定申请是否具有专利性关系重大;申请日是审查程序中一系列重要期限的起算日。

5.3.3 专利申请前的准备

1. 申请专利是否要考虑该发明创造的市场前景

由于申请专利要缴纳申请费、审查费,还有维持专利的年费、代理机构的代理费等,所以,该专利是否能为申请人带来经济效益是值得考虑的,如预测到该专利转化成产品后会有较大的市场;或该专利可能阻止竞争对手的发明,让竞争对手的发明成果一出来,就落入自己企业专利的保护范围,那么,该专利的申请就是正确而明智的。

2. 对准备申请专利的项目是否具备专利性进行较详细的调查

新颖性、创造性都是相对于现有技术而言的,现有技术体现在国内外专利文献、本专业的期刊和专著上,还体现在国内同行业对该技术的使用现状上,所以对现有技术做全面调查是十分必要的,如申请人不想过多地投入时间、精力和金钱,至少应当检索一下专利文献,因为专利文献包含了国内外最新的技术情报。专利局下属的检索咨询中心设有申请专利前的有偿检索服务,这是调查现有技术最快捷的办法。

3. 专利申请的时间选择

在技术激烈竞争的时代,不同的个人或企业会同时对相同或相近的领域进行开发,重复难以避免。根据《中华人民共和国专利法》第九条规定"两个以上的申请人分别就同样的发明创造申请专利的,专利权授予最先申请的人",即我国对专利权的授予实行先申请政策,即专利权授予最先申请专利的人。以下三个方面会影响专利申请的时机。

① 充分考虑竞争对手目前的状况,特别是研究相同发明创造的可能。

② 选择对自己具有优势的时机。一般情况下竞争对手有相应研发思路或准备研发时,个人或企业应该抓紧时间完成专利申请。

③ 未申请专利前注意采取保密措施,如在发明试验或鉴定的过程中有企业内部、外部的人员参与,应当要求这些人员签订保密协议,以免技术被公开而丧失新颖性,从而影响专利的申请。同时在申请专利前不宜召开新闻发布会、成果鉴定会,不宜参展,不宜发表论文披露发明创造的细节。

5.3.4 授予专利权的条件

如前文所述,一项发明创造要想获得专利权,应当具备新颖性、创造性和实用性三个特性。因此,申请人在提交专利申请之前,应认真学习和熟悉《中华人民共和国专利法》及其实施细则,了解专利的基础知识,要对其发明创造的新颖性、创造性、实用性进行广泛调查,这"三个特性"通常被视为授予发明和实用新型专利权的实质性条件或最根本的条件。本部分对这三个条件进行具体阐述。

1. 新颖性

新颖性即在申请日以前没有同样的发明或者实用新型在国内外出版物上公开发表过、在国内公开使用过或者以其他方式为公众所知,也没有同样的发明或者实用新型由他人向国务院专利行政部门提出过申请并且记载在申请日以后公布的专利申请文件中。

所谓"出版物"不仅包括书籍、报纸、杂志等纸件,也包括录音带、录像带、唱片等文件。所谓"公开使用过"是指以商品形式销售或用技术交流等方式进行传播、应用,或者通过电视和广播为公众所知。

例如,新型无尘粉笔在展览会上展出时,公众只能看到其外壳,看不到内部,若相关技术特征暴露,配方公开,则丧失了新颖性。

2. 创造性

创造性即同申请日以前已有的技术相比,该发明有突出的实质性特点和显著的进步,该实用新型有实质性特点和进步。

所谓"实质性特点"是指与现有技术相比,有本质上的差异,有质的飞跃和突破,而且这种技术上的变化和突破,对本领域的普通技术人员来说并非显而易见。所谓"同已有技术相比有进步"是指该发明或实用新型比现有技术有明显的技术优点。

3. 实用性

实用性即该发明或者实用新型能够制造或者使用,并且能够产生积极效果。

5.4 专利申请原则、流程及相关内容

5.4.1 专利申请原则

1. 形式法定原则

申请专利的各种手续,都应当以书面形式或者国家知识产权局专利局规定的其他形式办理。以口头、电话、实物等非书面形式办理的各种手续,或者以电报、电传、传真、胶片等直接或间接产生印刷、打字或手写文件的通信手段办理的各种手续均视为未提出,不产生法律效力。

2. 单一性原则

一件专利申请只限于一项发明创造。但是属于一个总的发明构思的两项以上的发明或者实用新型,可以作为一件申请提出;用于同一类别并且成套出售或者使用的产品的两项以上的外观设计,可以作为一件申请提出。

3. 先申请原则

两个或者两个以上的申请人分别就同样的发明创造申请专利的,专利权授给最先申请的人。

5.4.2 专利申请流程

依据《中华人民共和国专利法》,发明专利申请的审批程序包括:受理、初步审查、公布、实质审查以及授权五个阶段。实用新型或者外观设计专利申请在审批中不进行早期公布和实质审查,所以只有三个阶段。下面以发明专利申请为例来介绍主要的审批程序流程,如图5-5所示。

1. 受理阶段

专利局收到专利申请后进行审查,如果符合受理条件,专利局将确定申请日,给予申请号,核实过文件清单后,发出受理通知书,通知申请人。

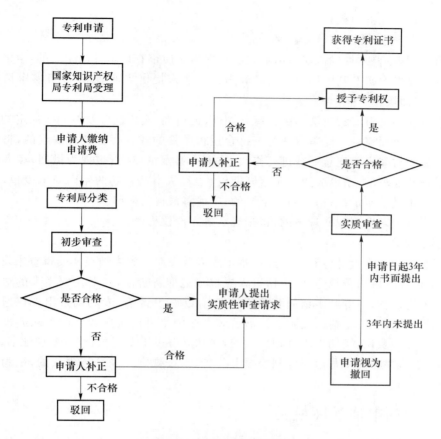

图 5-5 发明专利申请流程

2. 初步审查阶段

经受理后的专利申请按照规定缴纳申请费的,自动进入初审阶段。初审前发明专利申请首先要进行保密审查,需要保密的,按保密程序处理。

在初审时要对申请是否存在明显缺陷进行审查,主要包括审查内容是否属于《中华人民共和国专利法》中不授予专利权的范围,是否明显缺乏技术内容不能构成技术方案,是否缺乏单一性,申请文件是否齐备及格式是否符合要求。若是外国申请人还要进行资格审查及申请手续审查。不合格的,专利局将通知申请人在规定的期限内补正或陈述意见,逾期不答复的,申请将被视为撤回。经答复仍未消除缺陷的,予以驳回。发明专利申请初审合格的,将颁发初审合格通知书。对实用新型和外观设计专利的申请,除进行上述审查外,还要审查是否明显与已有专利相同,是不是一个新的技术方案或者新的设计,经初审未发现驳回理由的,将直接进入授权程序。

3. 公布阶段

发明专利申请从发出初审合格通知书起进入公布阶段,如果申请人没有提出提前公开的请求,要等到申请日起满 15 个月才进入公开准备程序。如果申请人请求提前公开的,则申请立即进入公开准备程序。经过格式复核、编辑校对、计算机处理、排版印刷,大约 3 个月后在专利公报上公布其说明书摘要并出版说明书单行本。申请公布以后,申请人就获得了临时保护的权利。

4. 实质审查阶段

发明专利申请公布以后,如果申请人已经提出实质审查请求并已生效的,申请人进入实审程序。如果发明专利申请自申请日起满三年还未提出实审请求,或者实审请求未生效的,该申请即被视为撤回。

在实审期间将对专利申请是否具有新颖性、创造性、实用性以及专利法规定的其他实质性条件进行全面审查。经审查认为不符合授权条件的或者存在各种缺陷的,将通知申请人在规定的时间内陈述意见或进行修改,逾期不答复的,申请被视为撤回,经多次答复申请仍不符合要求的,予以驳回。实审周期较长,若从申请日起两年内尚未授权,从第三年起应当每年缴纳申请维持费,逾期不缴的,申请将被视为撤回。

实质审查中未发现驳回理由的,将按规定进入授权程序。

5. 授权阶段

实用新型和外观设计专利申请经初步审查以及发明专利申请经实质审查未发现驳回理由的,由审查员做出授权通知,申请进入授权登记准备阶段,经对授权文本的法律效力和完整性进行复核,对专利申请的著录项目进行校对、修改后,专利局发出授权通知书和办理登记手续通知书,申请人接到通知书后应当在两个月内按照通知的要求办理登记手续并缴纳规定的费用,按期办理登记手续的,专利局将授予专利权,颁发专利证书,在专利登记簿上记录,并在两个月后于专利公报上公告,未按规定办理登记手续的,视为放弃取得专利权的权利。

5.4.3 专利申请受理机关

国家知识产权局是我国唯一有权接受专利申请的机关。国家知识产权局在全国34个城市设有代办处,受理专利申请文件,代收各种专利费用。

5.4.4 专利申请所需文件

申请专利时提交的法律文件必须采用书面形式,并按照规定的统一格式填写。申请不同类型的专利,需要准备不同的文件。

① 申请发明专利的,申请文件应当包括:发明专利请求书、说明书(必要时应当有说明书附图)、权利要求书、摘要及其附图(具有说明书附图时须提供),各一式一份。

② 申请实用新型专利的,申请文件应当包括:实用新型专利请求书、说明书、说明书附图、权利要求书、摘要及其附图,各一式一份。

③ 申请外观设计专利的,申请文件应当包括:外观设计专利请求书、图片或者照片,各一式一份。要求保护色彩的,还应当提交彩色和黑白的图片或者照片各一份。如对图片或照片需要说明的,应当提交外观设计简要说明,一式一份。

④ 公司申请专利的,申请文件应当包括:企业法人营业执照和组织机构代码证复印件(加盖公章),各一式一份;发明人的身份证号码,一式一份;申请人的地址、邮政编码、电话等通信方式。

⑤ 个人申请专利的,申请文件应当包括:申请人和发明人的身份证复印件,各一式一

份;申请人的地址、邮政编码、电话等通信方式。

5.4.5 撰写专利权利要求书

权利要求书应当以说明书为依据,说明发明或实用新型的技术特征,限定专利申请的保护范围。在专利权授予后,权利要求书是确定发明或者实用新型专利权范围的根据,也是判断他人是否侵权的根据,有直接的法律效力。权利要求分为独立权利要求和从属权利要求。独立权利要求应当从整体上反映发明或者实用新型的主要技术内容,它是记载构成发明或者实用新型的必要技术特征的权利要求。从属权利要求是引用一项或多项权利要求的权利要求,它是一种包括另一项(或几项)权利要求的全部技术特征,又含有进一步加以限制的技术特征的权利要求。权利要求书的撰写必须十分严格、准确、具有高度的法律和技术方面的技巧。

5.4.6 申请专利的费用

① 申请专利委托代理时,申请人需要缴纳代理费和官费。

② 代理费数额依据申请所属技术领域的难易程度和工作量大小由申请人与代理机构协商后确定。

③ 官费是交给国家知识产权局的费用。首笔官费包括申请费和发明申请审查费,数额为:发明专利申请费950元(含印刷费50元)人民币,实用新型专利申请费500元人民币,外观设计专利申请费500元人民币;发明申请审查费2 500元人民币。

④ 要获得并保持专利,申请人还需要在申请后的若干年内向专利局缴纳专利年费等费用。

⑤ 专利局可以就某些费用(申请费、发明申请审查费、发明申请维持费、复审费和授权后三年的年费五项)对确有困难的申请人实行减缓。申请人为单位的,可减缓上述费用的70%(复审费减缓60%);申请人为个人的,可减缓上述费用的85%(复审费减缓80%)。

5.4.7 申请专利的途径

申请专利的途径有两种:一种是申请人自己申请(将申请文件递交专利局或地方代办处,并缴纳相关费用),另一种是委托专利代理机构申请。

一般委托专业的代理机构申请专利,可以避免由于自身对相关法律知识或相关程序的了解不足而导致授权率降低或保护范围不当的情况。

5.4.8 职务发明与非职务发明

《中华人民共和国专利法》第六条规定:

"执行本单位的任务或者主要是利用本单位的物质技术条件所完成的发明创造为职务发明创造。职务发明创造申请专利的权利属于该单位;申请被批准后,该单位为专利权人。

非职务发明创造,申请专利的权利属于发明人或者设计人;申请被批准后,该发明人或者设计人为专利权人。

利用本单位的物质技术条件所完成的发明创造,单位与发明人或者设计人订有合同,对申请专利的权利和专利权的归属做出约定的,从其约定。"

《中华人民共和国专利法》第六条所称执行本单位的任务所完成的职务发明创造,是指:

① 在本职工作中做出的发明创造;
② 履行本单位交付的本职工作之外的任务所做出的发明创造;
③ 退职、退休或者调动工作后1年内做出的,与其在原单位承担的本职工作或者单位分配的任务有关的发明创造。

《中华人民共和国专利法》第六条所称的本单位,包括临时工作单位;所称的本单位的物质技术条件,是指本单位的资金、设备、零部件、原材料或者不对外公开的技术资料等。

5.4.9 如何确定保密审查

根据《中华人民共和国专利法》第四条的规定,涉及国家安全或者重大利益的发明创造,需要按照有关规定申请保密专利。一般而言,涉及国家安全的发明创造主要是指国防专用或者对国防有重大价值的发明创造;涉及国家重大利益的发明创造是指涉及国家安全以外的其他重大利益的发明创造。这些发明创造的公开会影响国家的防御能力,损害国家的政治、经济利益或削弱国家的经济、科技实力。对于军民两用的发明创造,申请人如果希望其发明能够推广应用,就不宜申请保密专利。申请保密专利的发明创造不包括实用新型和外观设计。

5.5 专利优先权

专利优先权是指专利申请人就其发明创造第一次在某国提出专利申请后,在法定期限内,又在中国以相同主题的发明创造提出专利申请的,根据有关法律规定,其在后申请以第一次专利申请的日期作为其申请日,专利申请人依法享有的这种权利,就是优先权。专利优先权的目的在于,排除在其他国家抄袭此专利者,有抢先提出申请,取得注册的可能。

专利优先权可分为国内优先权和国际优先权。

1. 国内优先权

国内优先权,又称"本国优先权",是指专利申请人就相同主题的发明或者实用新型在中国第一次提出专利申请之日起12个月内,又向我国专利局提出专利申请的,可以享有优先权。在我国优先权制度中不包括外观设计专利。

2. 国际优先权

国际优先权,又称"外国优先权",是指专利申请人就同一发明或者实用新型在外国第一次提出专利申请之日起12个月内,或者就同一外观设计在外国第一次提出专利申请之日起6个月内,又在中国提出专利申请的,中国应当以其在外国第一次提出专利申请之日为申请日,该申请日即为优先权日。

5.6 专利代理机构及技术交底书撰写模板

专利代理机构及其代理人均是经过国家知识产权局批准的既懂专业技术、又掌握有关法律知识的专家,通过他们将申请人想要申请专利的一般技术资料撰写成符合审查要求的技术性、法律性文件,并使该文件具有最佳的保护效果。

技术交底书是用户委托代理机构撰写的专利申请过程中所需提供的最重要的技术文件。代理人所做的工作不是原始创新而是锦上添花,再神通广大的代理人,也必须以交底书为基础撰写申请文件,因此交底书的质量直接决定了申请专利的质量甚至成败。

常见的技术交底书模板有:第一类,将产品说明书或者设计方案作为交底书提供;第二类,按照代理人的标准模板提供的详细的交底书。以下为第二类技术交底书撰写模板及注意事项。

技术交底书撰写模板及注意事项

发明名称:＿＿＿＿＿＿＿＿＿＿＿＿＿＿＿＿

本专利发明人:＿＿＿＿＿＿＿＿＿＿＿＿＿＿＿

技术交底书撰写人及技术联系人:＿＿＿＿＿＿＿＿＿＿＿＿

电话:＿＿＿＿＿＿ E-mail:＿＿＿＿＿＿ 微信号:＿＿＿＿＿＿

0. 术语解释。

解释一些跟技术方案有关的专业术语。

1. 本发明要解决的技术问题是什么?

务必明确一个最主要的技术问题。

2. 详细介绍技术背景,并描述已有的与本发明最相近的实现方案。

与本发明最接近的技术方案的说明(对于方法,应说明现有方法的步骤;对于装置,应说明结构组成及其关系)。技术背景的描述应是客观的,是建立在适当检索基础上的,并且关于专利的目的或要解决的技术问题的表述与要保护的技术方案是相对应的。

3. 以因果关系推理的方式推导出现有技术的缺陷,针对这些缺陷,说明本发明的目的。

缺陷可以有多个,但一定要分清主次。最主要的缺陷原则上只能有一个。在指出现有技术缺陷的基础上准确界定为了改进现有技术的缺陷所做的创造性改进。

注意:所述缺陷应当是技术上的缺陷,如成本高、误码率高、反应速度慢等问题。

4. 本发明技术方案的详细阐述,应该结合流程图、原理框图、电路图、时序图进行说明:

(1) 本部分为专利申请最重要的部分,需要详细提供;

(2) 附图以方框图、黑白方式提供,不能提供彩色图例;

(3) 对于软件、业务方法,要提供流程图。

所有英文缩写都应有中文注释;所有附图都应有详细的文字描述,以别人不看附图即可明白技术方案为准;同时附图中的关键词或方框图中的注释都尽量用中文;方法专利都应该提供流程图,并提供相关的系统装置。

注意:描述技术方案时,不必担心过度公开,因为交给代理人的方案还需要经过双方确认后最终确定需要公开的部分,未写入申请文件中的部分是不会公开的,代理人也要遵守与客户的保密协议。另外在描述技术方案时还要尽量描述设计该方案时的思路,有利于代理人快速理解技术方案,降低沟通成本,提高撰写质量。

5. 本发明的关键点和欲保护点是什么?

对于上一部分给出的详细的完整技术方案,在本部分提炼出技术方案的关键创新点,列出1、2、3...,以提醒代理人注意,便于专利代理人撰写权利要求书。

6. 用推理方式推导出本发明的优点。

务必与第3部分的现有技术的缺陷相对应,可以对应第3部分所要解决的技术问题或发明目的来描述。

7. 针对第4部分中的技术方案,是否还有别的替代方案能完成同样的发明目的?

8. 其他有助于专利代理人理解本技术的资料。

给代理人提供更多的信息,可以有助于代理人更好更快地完成申请文件。

注意事项:

(1) 第2部分和第4部分,一定要写全面、写清楚。

(2) 英文缩写若有中文译文和英文原词,最好在术语解释部分给出。

(3) 全文对同一事物的名称应统一,避免出现一种事物多种名称的情况。

(4) 应该阐述发明目的是通过什么技术方案来实现的,不能只有原理,也不能只做功能介绍。

5.7 专利申请实例

100002 说明书

个性化信息检索中用户隐私保护方法

技术领域

该发明所属信息、计算机技术领域。

背景技术

实现个性化信息检索,需要跟踪和学习用户的兴趣和行为,生成用户兴趣模型,根据用户兴趣过滤信息以达到准确提供给用户所需信息的目的。然而,个性化检索面临一个重要问题:用户隐私泄露。如何在保证用户隐私的前提下,提高用户兴趣模型在个性化信息检索中的共享是一个值得认真研究的问题。

发明内容

为了克服现有隐私保护技术的不足,提出了基于差分隐私非交互机制的用户兴趣模型匿名化方法,解决了用户隐私保护和提升个性化信息检索性能之间的矛盾。

该发明在解决其技术问题所采用的技术方案是:针对隐匿用户兴趣模型中的标识符[①]后的匿名化,即去掉其中的标识符后的匿名化问题,利用差分隐私的相关技术对用户兴趣模型中准标识符[②]进行匿名化。

技术方案所依据的科学原理:数据发布中隐私保护的差分隐私技术。差分隐私是一种新的数据隐私保护方法,可假定攻击(入侵)者具有任意背景知识,该保护方法可保证在一个数据集中删除和增加一条记录不影响任何计算结果(如查询),最关键的是即使攻击(入侵)者知道了除了某一个记录之外的所有记录的敏感信息,该记录的敏感信息仍然无法预测。本发明的有益效果是,在保证用户隐私安全的前提下,能够保持或提升个性化服务性能。

附图说明

下面结合图和实例对本发明进行进一步说明。

图 5-6 中,数据泛化是通过将相对低层次的值(如学历属性初中、高中)用高层的概念(如中学)替换来汇总数据。在示例学习中我们将泛化的规则看作一棵树。文献中多称为分类树(Hierarchy Tree)。每个属性的泛化规则不一样,它们都独立对应一棵分类树,一般分类树是事先人为规定好的。

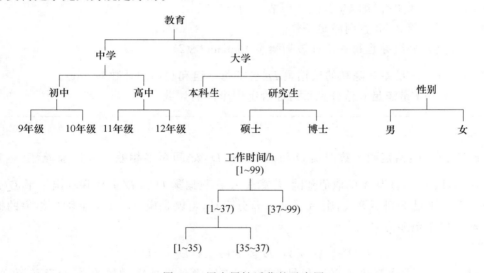

图 5-6 用户属性泛化的示意图

具体实施方式

个性化信息检索中用户隐私保护方法,具体步骤如下。

① 隐匿用户模型中的标识符,设置合理的隐私预算参数 ε 初值。

② 采用自上而下的方法,概率性地泛化准标识符,可将数据集划分成一些等价组。

③ 添加 Laplace$(2/\varepsilon)$(拉普拉斯)噪声到每一组数据中。

④ 将满足差分隐私的数据集进行发布。

---

① 标识符:可以显式地表明个体身份的属性,如姓名、身份证号码(PID)和手机号码,能准确确认个体的信息。

② 准标识符:能够潜在确认个体属性的集合,如性别、年龄和邮政编码等的组合。

⑤ 完成个性化信息检索中用户隐私保护方法。

个性化信息检索中用户隐私保护方法的详细描述如下。

输入:原始数据集 D,隐私预算 ε,准标识符属性划分的层次 h,每个属性的层次树 Hierarchy_Tree

输出:满足差分隐私的数据集 $\hat{D}$

步骤1:将准标识符的属性对应分类树的根节点放在候选集合 C 中,且 $\varepsilon' \leftarrow \dfrac{\varepsilon}{2h}$。

步骤2:挑选合适的效用函数来为这些节点打分(采用信息增益的方法,计算 C 中每个节点的分数)。

步骤3:利用指数机制选择下一步要分裂的节点 Select $v \in C$,概率 $\propto \exp\left(\dfrac{\varepsilon'}{2\Delta u}u(D,v)\right)$。

步骤4:查找该属性的分类树,将该节点替换为它的子节点,即特化 D 中的 v 节点并更新 C;
//特化可看作父节点 $v \leftarrow \text{child}(v)$ 的过程。

步骤5:更新候选集合(即 Update C 中节点的分数)。

步骤6:重复步骤2~5 直到满足条件。

步骤7:按类别分组并且每一组计数加噪声 Laplace($\varepsilon/2$)。

步骤8:return 满足差分隐私的数据集 $\hat{D}$(包括每一组和它们的计数 count)。
//count 是满足 ε-差分隐私的等价组中个体的计数

注:

ε-差分隐私:给定两个数据集 D 和 D',D 和 D' 之间至多相差一条记录,给定一个隐私算法 A,Range(A)为 A 的取值范围,若算法 A 在数据集 D 和 D' 上任意输出结果 $\hat{D}$($\hat{D} \in$ Range(A))满足下列不等式,则 A 满足 ε-差分隐私,也就是说,D 和 D' 上输出结果的概率分布最大比率至多为 e^{ε}。

$$\Pr[A(D_1)=\hat{D}] \leqslant e^{\varepsilon}\Pr[A(D_2)=\hat{D}] \quad ①$$

其中:概率 Pr[·]由算法 A 的随机性控制,也表示隐私被披露的风险;ε 为隐私预算(隐私预算代价参数),表示隐私保护程度,ε 越小隐私保护程度越高;算法 A 可以表示交互式的查询方法,或者是非交互式的发布方法。

差分隐私的相关实现技术如下。

(1) 拉普拉斯(Laplace)机制

对于任何函数 $f:D \to R^d$,隐私算法 A,A 提供 ε-差分隐私

$$A(D) = f(D) + \text{Laplace}(G_0/\varepsilon) \quad ②$$

其中 G_0 是全局敏感度。对于任意的相邻数据库 D_1 和 D_2,查询 Q 的敏感度是 D_1 和 D_2 查询结果的最大不同,

$$G_0 = \max \|Q(D_1) - Q(D_2)\|_1 \quad ③$$

(2) 指数机制

基本思想是从一个私有分布中抽样来回答非数值查询。关键是如何设计函数 $q(D,r)$，r 表示从输出域 $\hat{D}$ 中所选择的输出项。对于数据集 D，给定一个效用函数 $q:(D \times R) \rightarrow R$，

$$A(D,q) = \left\{ \text{return } r \text{ with probability} \propto \exp\left(\frac{\varepsilon q(D,r)}{2\Delta q}\right) \right\} \quad ④$$

（注：$A(D,q) = \{$以正比于 $\exp(\ )$ 的概率返回 $r\}$）

机制 A 满足 ε-差分隐私。其中 q 的灵敏度为 $\Delta q = \max_{\forall r, D_1, D_2} \| q(D_1,r) - q(D_2,r) \|_1$

100002 权利要求书

1. 个性化信息检索中用户隐私保护方法基于差分隐私非交互机制的用户兴趣模型匿名化方法。其特征是：引入差分隐私技术。针对用户兴趣模型中准标识符的匿名化，即对用户的准标识符进行泛化并添加 Laplace 噪声满足差分隐私保护要求，最大化统计数据库中的查询精度，同时最小化识别个体及属性的概率，解决了用户的隐私保护与提升个性化信息检索性能之间的矛盾。

2. 根据权利要求1所述的个性化信息检索中用户隐私保护方法，其特征是：引入差分隐私技术。对用户的准标识符进行泛化，可将数据集划分成一些等价组。

3. 根据权利要求1所述的个性化信息检索中用户隐私保护方法，其特征是：添加 Laplace 噪声满足差分隐私保护要求。

4. 根据权利要求1所述的个性化信息检索中用户隐私保护方法，其特征是：基于差分隐私非交互机制的用户兴趣模型匿名化方法。

5. 根据权利要求1所述的个性化信息检索中用户隐私保护方法，其特征是：最大化统计数据库中的查询精度，同时最小化识别个体及属性的概率，解决了用户的隐私保护与提升个性化信息检索性能之间的矛盾。

本 章 小 结

本章主要介绍专利的基本知识以及专利申请的相关内容。大学生创新的价值，需要法律来保护。市场经济是法治经济，当今世界范围内各个国家对于知识产权的保护越来越重视。除了个别情况之外，创新的过程都比较艰辛。总结已有的经验，创新的知识产权保护有两个方面：一是对尚未获取知识产权保护的创新，要注意把握宣传分寸，否则稍加不慎，即成公开的秘密，难以得到法律的保护。二是要做好创新过程或阶段性成果的知识产权保护，这一点在国际性知识产权保护竞争中尤为重要。这种步步为营、锁定式的知识产权保护，对于确认创新成果的国际性法律地位十分重要。例如，科技专家辛苦发明的成果，因无过程性或阶段性的产权保护，常常遭到国际上的"剽窃"质疑，难以在国际上获得法律认可。从现实看，加强创新的知识产权保护意识，研究创新的知识产权保护技巧，加大创新的知识产权保护力度，有着十分重要的意义。

本 章 思 考 题

1. 什么是专利？专利的特点、种类有哪些？
2. 简述申请专利的益处。

第 6 章　计算机软件著作权登记

创新得不到保护,市场就会失去创新的动力。计算机软件著作权是知识产权的一部分。大量侵权纠纷会增加企业经营成本,干扰市场秩序,导致客户大量流失,造成市场衰退。这种状况自然是企业、政府乃至社会各界不愿意见到的。然而,如果愿意创新的商家只知进攻不知防守,那么其投入巨大成本研发的技术、创下的品牌,很有可能被别人利用,给企业造成巨大的损失。要防止类似情况的发生,首要的是加强知识产权自我保护意识。本章主要介绍计算机软件著作权的基本知识及登记流程。

6.1　计算机软件著作权相关概念及申请须知

我国实行计算机软件著作权登记制度。著作权从软件完成之日起就自动产生,登记并不是权利产生的必要条件。那么为什么还要做软件著作权登记这件事呢?

进行计算机软件著作权登记的作用有以下三个。①通过登记机构的定期公告,可以向社会宣传自己的产品。②国家著作权行政管理部门鼓励著作权人进行计算机软件著作权登记,并对已登记的软件给予重点保护。软件著作权登记证书是对登记事项的初步证明,可以帮助持有者在诉讼中起到减轻举证责任的作用。根据国务院颁发的《鼓励软件产业和集成电路产业发展的若干政策》的有关规定,证书可以作为软件企业申请减免税收的证明。③可以在我国境内合法经营或者销售该软件产品,并可以出版发行。

6.1.1　计算机软件著作权的相关概念

① 计算机软件指计算机程序及有关文档。计算机程序指能实现一定功能的代码化指令序列,或者符号化语句序列。文档指用来描述程序的内容、组成、设计、功能规格、开发情况、测试结果及使用方法的文字资料和图表,如程序设计说明书、流程图、用户手册等。受保护的软件必须由开发者独立开发,即必须具备原创性,同时,必须已固定在某种有形物体上而非存在于开发者的头脑中。

② 软件著作权人指依法享有软件著作权的自然人、法人或者其他组织。软件著作权自软件开发完成之日起产生。除法律另有规定外,软件著作权属于软件开发者,即实际组织开发、直接进行开发,并对开发完成的软件承担责任的法人或者其他组织;或者依靠自己具有的条件独立完成软件开发,并对软件承担责任的自然人。如无相反证据,在软件上署名的自然人、法人或者其他组织为开发者。

6.1.2 申请须知

① 申请人可以自己办理计算机软件著作权登记,也可以委托代理机构办理登记。

② 申请人应当将所提交的申请文件留存一份,便于在补正程序中保持文件内容的一致性。

③ 办理软件著作权转让或专有合同登记可到登记大厅现场办理,也可使用挂号信函或特快专递邮寄到中国版权保护中心软件登记部。

④ 申请表应当在线打印,请勿擅自更改表格格式;申请文件都应当按规定签章,签章应当与申请表中填写的姓名或者名称完全一致。

⑤《计算机软件著作权申请表》中的版本号应按规范填写,如 V1.0 或 1.0 这两种模式。申请人提交的所有登记材料中出现的版本号,应与申请表中保持完全一致(版本号中有或无"V",应保持一致)。

⑥ 申请文件应当使用 A4 纸张、纵向、单面使用,文字应当从左向右排列。申请文件各部分应当分别用数字顺序在右上角标注页码。文档和源程序须黑白打印,页眉上应当标注该申请软件名称、版本号,并应当与申请表中相应内容完全一致。申请人或代理人信息栏内,请务必填写准确的实际联系地址,以便邮寄证书或其书面邮件。

⑦ 著作权人为企业法人或事业单位法人的应提交有效的企业法人营业执照或事业单位法人证书副本复印件,并加盖单位公章;著作权人为自然人的,应提交有效的自然人身份证复印件(正反面复印),并需提交非职务开发保证书或非职务开发证明(下载《非职务开发证明》《非职务开发保证书》);著作权人为外国自然人的,应提交护照复印件及护照复印件的中文译本,并需翻译者签章。

著作权人为外国法人及其他组织的,应提交申请人依法登记并具有法人资格的法律证明文件,该证明文件须经过中国驻当地领事馆的认证或经当地公证机构公证方为有效。申请时需提交公证或认证的证明文件原件。目前国外法人因所在国家或地区不同,其提交的法人身份证明文件内容和格式会有所不同,但文件中的基本信息项应至少包括:法人名称、注册日期、注册地、注册证明编号、证明文件的有效期等基本信息。

以上身份证明文件以及与登记有关的其他证明文件(如合同或协议等证明)是外文的,须一并提交经有翻译资质的单位翻译并加盖翻译单位公章的中文译本原件。

⑧ 补正期限:根据计算机软件登记办法规定,自发出补正通知之日起,申请人需在 30 个工作日内提交补正材料,逾期未补正的,视为撤回申请。

⑨ 办理软件登记申请应当以书面的方式提交必要的申请文件,并按规定缴纳费用。

6.1.3 相关知识

2018 年全国著作权登记总量达 3 457 338 件,相比 2017 年的 2 747 652 件,同比增长 25.83%。根据对各省、自治区、直辖市版权局和中国版权保护中心的作品登记信息统计,2018 年全国共完成作品登记 2 351 952 件,相比 2017 年作品登记量(2 001 966 件)增加了 349 986 件,增长率为 17.48%。2018 年全国共完成计算机软件著作权登记 1 104 839 件,同比增长 48.22%。从各类热点领域软件登记情况看,App 软件登记量增长较为明显,同比增长 76.29%,是增长较快的热点领域软件类别之一。另外,人工智能软件登记数量同比增长 104.02%,大数据软件登记数量同比增长 64.27%,增速均高于软件登记整体增速,呈现出不同程度的快速发展态势。

6.2 软件著作权登记办理

6.2.1 软件著作权登记办理流程及审批流程

填写(在线)申请表→打印并提交申请文件→缴纳申请费→登记机构受理申请→补正申请文件(非必需程序)→公告→取得登记证书。

注:如已登记软件的著作权发生继受(受让、承受或继承),权利继受方办理著作权登记时需先做软件著作权登记概况查询。

依据《计算机软件著作权登记办法》的规定,申请审批流程分为受理、审查、登记三个阶段,如图 6-1 所示。

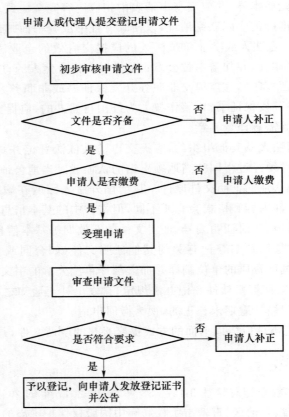

图 6-1 计算机软件著作权登记审批流程图

6.2.2　软件著作权登记申请所需文件

软件著作权登记申请文件应当包括：软件著作权登记申请表、源程序、文档、申请人身份证明和相关的证明文件各一式一份。

（1）软件著作权登记申请表（1份）

应提交在线填写的申请表打印件，请勿复制、下载和擅自更改表格格式，签章应为原件。

（2）源程序（1份）

按前、后各连续30页，共60页。不足60页的需要提交全部源程序。每页不少于50行（结束页可少于50行），第60页为结束页。在页的右上角标注连续页号1～60。不要装订。

（3）文档（1份，用户手册、操作手册、设计说明书、使用说明等，任选一种）

按前、后各连续30页，共60页。不足60页的需要提交全部文档。每页不少于30行（页中有插图或结束页可少于30行），第60页为结束页。不要装订。

（4）申请人身份证明（选交一项）

企业：执照副本复印件（须加盖公章）。

事业：法人代码证书复印件（须加盖公章）+联系人的身份证复印件。

个人：身份证复印件。

（5）其他证明文件

注意

① 软件名称，如"××系统（软件）"，不能用"××生成工具""××过滤器"。

② 代码一般大于1 000行。

③ 文档不需要参考文献，可以附设计和开发者名单（名单盖法人公章才有效）。

④ 申请文件应使用A4纸，纵向、单面打印，文字应当从左向右排列。文档和源程序须黑白打印，不要装订。申请文件各部分应分别用数字顺序在右上角标注页码。所有登记材料中出现的版本号，应与申请表中出现的版本号保持完全一致。

⑤ 提交前微信预约申请。

6.3　软件著作权登记机构、办理时限及登记费用

6.3.1　软件著作权登记机构

中国版权保护中心是国家版权局认定的唯一的软件登记机构，负责全国计算机软件著作权登记的具体工作。计算机软件著作权登记证书样本，如图6-2所示。

图 6-2 计算机软件著作权登记证书样本

6.3.2 软件著作权办理时限与登记费用

(1) 办理时限

软件著作权登记申请,受理之日起 30 个工作日。

(2) 登记费用

① 官方规费,如表 6-1 所示。

表 6-1 官方规费

收费项目	收费标准
计算机软件著作权登记费	250 元每件次。该项目费用只限于程序及其一种文档的登记,如申请登记多种文档,每增加一种文档,增收 80 元 手续费 320 元每件次
软件著作权合同登记费	每次 100 元
软件著作权登记证书费	50 元/件
变更或补充登记费	150 元每件次
请求延期处理费	第一次 100 元每件次,第二次 200 元每件次

2017年3月29日,中国版权保护中心发布《关于停征软件著作权登记缴费有关事项的通告》,称按照财政部《关于清理规范一批行政事业性收费有关政策的通知》(财税[2017]20号)要求,"自2017年4月1日起停止执收软件著作权登记费"。

② 代理费:500~1 500元/件。

6.4 软件著作权登记常见问题问答

(1) 哪些人可以成为软件著作权人?

答:独立开发完成软件的自然人、法人或其他组织以及通过合同约定、继承、受让或者承受软件著作权的自然人、法人或者其他组织都可以成为著作权人。

(2) 软件著作权可以保护软件的思想、算法和技术方案吗?

答:软件著作权保护的范围是程序及其技术文档的表达,即保护语句序列或指令序列的表达以及有关软件的文字说明表达,而不涉及开发软件所用的思想、处理过程、操作方法或者数学概念等。

(3) 什么是软件开发者?

答:软件开发者是指实际组织开发、直接进行开发,并对开发完成的软件承担责任的法人或者其他组织;或者依靠自己具有的条件独立完成软件开发,并对软件承担责任的自然人。

(4) 软件相似是不是就视为侵权?

答:软件开发者开发的软件,由于可供选用的表达方式有限而与已经存在的软件相似的,不构成对已经存在的软件的著作权的侵犯。

(5) 软件著作权保护期限是多长?

答:自然人的软件著作权,保护期为自然人终生及其死亡后50年;软件是合作开发的,截止于最后死亡的自然人死亡后第50年的12月31日。法人或者其他组织的软件著作权,保护期为软件首次发表之后50年,但软件自开发完成之日起50年内未发表的,不再保护。

(6) 只有进行软件著作权登记后才有著作权吗?

答:软件开发完成后著作权自动产生,不论是否登记,都享有著作权。

(7) 申请登记的软件名称是不是不能与已登记的软件名称重名?

答:只要是独立开发享有著作权的软件都可以申请登记,软件名称可以相同或相似。

(8) 软件算法可以登记吗?

答:软件算法想要获得专利权,有两种可能:一种是开发的软件可以解决生产工艺上的某些技术问题,另一种是开发的软件有硬件作为载体,这两种情况的软件算法可以申请发明专利。但如果是纯算法,是不能申请专利来保护的,这时可以申请计算机软件著作权来保护。

(9) 游戏可以登记吗?

答:一个游戏作品可以分为游戏引擎和游戏资源两大部分。游戏资源包括图像、声音、动画等部分;游戏引擎是程序代码,可以申请软件著作权登记,而游戏中动画、视频、图像等属于其他作品,不能进行软件著作权登记。

本 章 小 结

  本章主要介绍计算机软件著作权登记的基本知识及办理流程。拥有计算机软件著作权可以享有对软件著作权进行证明的作用。组成软件的源代码,可以被无限制地复制。尽早进行软件著作权的登记可以证明著作权人的身份。在发生软件著作权争议时,"计算机软件著作权登记证书"是主张软件权利的有力武器,同时是著作权人向人民法院提起诉讼、请求司法保护的最有力证据。

本 章 思 考 题

1. 软件著作权登记申请需要哪些文件?
2. 申请软件著作权有哪些作用?

第 7 章　科技论文格式和写作技巧

科技论文写作是人们创新工作的一个环节,在信息时代的推进中显得越来越重要,已经成为科技工作者素质的体现。科技论文的内容可以精彩纷呈,而其写法却需要非常规范。本章参照国家规定的相应标准,结合优秀的科技论文作品,为读者介绍科技论文的写作规范与技巧,让读者能够更快地了解它、熟悉它。

7.1　概　　念

7.1.1　科技论文的意义和基本特征

科技论文是在科学研究、科学实验的基础上,对自然科学和专业技术领域里的某些现象或问题进行专题研究、分析和阐述,运用概念、判断、推理、证明或反驳等逻辑思维手段,揭示这些现象和问题的本质及其规律性的文章。

科技论文与其他文体的区别在于,科技论文是对创新性科学技术研究工作成果的科学论述,是某些理论性、实验性或观测性新知识的科学记录,是某些已知原理应用于实际中取得新进展、新成果的科学总结。因此,完备的科技论文应该具有科学性、创新性、逻辑性和有效性,这也就构成了科技论文的基本特征。

(1) 科学性

科学性是科技论文在方法论上的特征,它描述的是涉及科学和技术领域的命题,更重要的是论述的内容具有科学可信性,是可以复现的成熟理论、技巧或物件,或者是经过多次使用已成熟能够推广应用的技术。

(2) 创新性

创新性是科技论文的灵魂,是科技论文有别于其他文献的特征所在。它要求文章所揭示的事物现象、属性、特点及事物运动时所遵循的规律,或者这些规律的运用必须是前所未见的、首创的或部分首创的,必须有所发现,有所发明,有所创造,有所前进,而不是对前人工作的复述、模仿或解释。

(3) 逻辑性

逻辑性是文章的结构特点。它要求科技论文脉络清晰、结构严谨、前提完备、演算正确、符号规范、文字通顺、图表精制、推断合理、前呼后应、自成系统。

(4) 有效性

有效性是文章的发表方式。当今只有经过相关专业的同行专家的审阅,并在一定规格的学术评议会上答辩通过、存档归案;或在正式的科技刊物上发表的科技论文才被承认是完备的和有效的。这时,不管科技论文采用何种文字发表,它都表明科技论文所揭示的事实及其真谛已能方便地为他人所应用,成为人类知识宝库中的一个组成部分。

7.1.2 科技论文的分类

从不同的角度对科技论文进行分类会有不同的结果。目前期刊所刊登的科技论文主要有以下五类。

(1) 发现、发明型

记述被发现事物或事件的背景、现象、本质、特性及其运动变化规律和人类使用这种发现的前景的文章,阐述被发明的装备、系统、工具、材料、工艺、配方形式或方法的功效、性能、特点、原理及使用条件等的文章。

(2) 设计、计算型

为解决某些工程问题、技术问题和管理问题而进行的计算机程序设计,某些系统、工程方案、产品的计算机辅助设计和优化设计以及某些过程的计算机模拟,某些产品或材料的设计、调制和配制等。从事计算机软件开发的人员更倾向于书写这一类科技论文。

(3) 综述型

这是一种比较特殊的科技论文(如文献综述),与一般科技论文的主要区别在于,它不要求在研究内容上具有首创性,尽管一篇好的综述文章也常常包含某些先前未曾发表过的新资料和新思想,但是它要求撰稿人在综合分析和评价已有资料的基础上,提出在特定时期内有关专业课题的发展演变规律和趋势。它的写法通常有两类:一类以汇集文献资料为主,辅以注释,客观而少评述;另一类则重在评述,通过回顾、观察和展望,提出合乎逻辑的、具有启迪性的看法和建议。

(4) 论证型

对基础性科学命题的论述与证明,或对提出的新设想的原理、模型、材料、工艺等进行理论分析,使其得以完善、补充和修正。从事专题研究的人员更倾向于书写这一类科技论文。

(5) 科技报告型

科技报告是描述一项科学技术研究的结果或进展,或描述一项技术研究的试验和评价结果,或论述某项科学技术问题的现状和发展的文件。从事工程设计、规划的人员更倾向于书写这一类科技论文。

7.2 科技论文的格式和写作技巧

7.2.1 科技论文的格式

一篇完整的科技论文写作格式应包括题目、署名、摘要、关键词、论文正文、参考文献。

1. 题目

题目是科技论文的必要组成部分。它要求用简洁、恰当的词组反映文章的特定内容,论文的题目具有画龙点睛、启迪读者兴趣的作用。一般情况下,题目中应包括文章的关键词。题目不宜超过 20 个汉字。

2. 署名

著者署名是科技论文的必要组成部分。著者是指在论文主题内容的构思、具体研究工作的执行及撰稿执笔等方面的全部或局部上做出主要贡献的人员。

3. 摘要

摘要是科技论文的必要附加部分,只有极短的文章才能省略。摘要是以提供文献内容梗概为目的,不加评论和补充解释,简明确切地记述文献重要内容的短文,应包括论文的目的、方法、结果、结论。摘要的结构要严谨,表达要简明,语义要确切;要用第三人称的写法。摘要的字数一般在 300 字左右。

4. 关键词

为了方便读者快速查找文献,特别是适应计算机自动检索的需要,应在摘要后给出 3~8 个关键词。论文的关键词是对论文主题的高度概括。

5. 论文正文

(1) 引言

引言又称前言、序言或导言,用在论文的开头,主要回答"为什么"这个问题。它简明介绍科技论文的背景、相关领域的前人研究历史与现状(有时也称这部分为文献综述)。引言一般要概括地阐明作者写作意图,说明选题的目的和意义,并指出论文写作的范围。引言要短小精悍、紧扣主题。

(2) 正文

正文是科技论文的核心组成部分,主要回答"怎么研究"这个问题。主体部分包括以下内容:①提出问题;②分析问题;③解决问题(论证与步骤)。

正文应充分阐明科技论文的观点、原理、方法及具体达到预期目标的整个过程,并且突出一个"新"字,以反映科技论文具有的创新性。根据需要,论文可以分层深入,逐层剖析,按层设分层标题。科技论文写作不要求文字华丽,但要求思路清晰,合乎逻辑,用语简洁准确、明快流畅,内容客观、科学、完备,要尽量用事实和数据说话。

正文中的图表要尽可能具备"自解释性",需要仔细看文本才能理解的图表不是好图表,好图表是需要一定的时间进行精心制作的。结果表格或图示曲线,一般按重要性或性能的好坏排序,最重要的、自己的方法结果一定要放在最后面或最前面,如果自己的方法结果放在中间可能会被读者忽视。

(3) 结论

结论是整篇文章的最后总结。主要回答"研究出什么"。它应该以正文实验中得到的现象、数据和阐述分析作为依据,由此完整、准确、简洁地指出:①由研究对象进行考察或实验得到的结果所揭示的原理及其普遍性;②研究中有无发现例外或本论文尚难以解释和解决的问题;③与先前已经发表过的(包括他人或著者自己)研究工作的异同;④本论文在理论上与实用上的意义与价值;⑤对进一步深入研究本课题的建议。

6. 参考文献

参考文献能够反映文稿的科学依据,以及著者对他人研究成果的尊重;或为了节约篇幅和叙述方便,参考文献提供在论文中提及而没有展开的有关内容的详尽文本。被列入的论文参考文献应该只限于那些正式发表的出版物,或其他有关档案资料,包括专利等文献。

7.2.2 科技论文写作技巧

最好的写作老师是谁？第1位:经典论文的作者。学习人家为什么如此这般组织全文,换了我会如何？学习自己之前不知道的词汇和地道的表达,学习令人拍案叫绝的句子。第2位:自己。自己推敲、琢磨。

1. 写作前

(1) 阅读中英文文献

① 若选择英文文献,学习英文的写作技巧;

② 了解研究领域里的新内容;

③ 文献最好是最近3～5年的;

④ 总结文献,确定自己的研究方向和方法(以便区别于别人),找到更适合自己的路子。

(2) 科技论文的分类

① 综述型(此种文章要求较高,一般参考文献不低于50篇);

② 实验型(属于一般的科技论文)。

(3) 写作时机

在你灵感最强的时候动笔。

2. 写作中

(1) 文章的题目

① 一般不超过20个字;

② 一些吸引人的词要尽可能地体现(即目前流行的)。

(2) 作者

① 一篇论文的作者一般不超过6个,但多个作者更能体现第一作者的团队精神;

② 国外期刊论文的第一作者是自己,最后一个作者是一个比较出名的人,一般是第一作者的导师。

(3) 摘要

一个好的摘要一般包括三个方面:研究方法、研究内容、研究结果。摘要要用尽量短的语言回答以下几个方面的问题:

① (为什么做)项目的意义;

② (做什么/研究什么)针对……问题;

③ (怎么做/用什么方法)在……技术(开发平台)上,采用……理论和方法,在……方面的创新和发现;

④ (解决什么问题/实现的效果)项目研究的效果和作用。

例如,国家基金项目摘要可采用以下模板:

"采用……方法(手段)进行……研究,探索/证明……问题,通过……建立/提出……模型/公式,对阐明……机制/揭示……规律有重要意义,为……奠定基础/提供……思路"。

(4) 关键词

关键词主要概括研究细节。关键词不能随便选择,其选择要点如下:

① 必须在摘要中出现过;

② 要有非常强的专业含义;

③ 关键词一般不超过 8 个。

(5) 引言

引言的作用是引发读者对自己文章的兴趣。引言写作要点如下:

① 简单地用一两句话概括内容;

② 简单而全面地概括国际范围内所取得的成就;

③ 简要介绍自己研究领域内的发展方向;

④ 说明自己的研究方法和方向与别人的研究方法和方向的差别。

(6) 实验

① 中国期刊要求实验简短;

② 外国期刊要求实验具体。

(7) 实验结果和分析

要能反映出自己的研究成果。

(8) 结论和总结

对本研究结果的价值、作用、意义做出判断,说明本研究发现了哪些新的规律,发展了哪些学术理论,能解决什么现实问题。

(9) 参考文献

参考文献要到位。参考文献的选择要点如下:

① 要能支持自己的观点;

② 要能展现非常重要的存在、事实。

3. 写作后

① 反复检查自己的论文。

② 注意细节,写好文章的关键是:为审稿人/读者理解文章提供一切可能的便利,而不是设置障碍。

③ 以挑剔的眼光评价自己的论文。

④ 内容新颖、原创且从未发表过,扪心自问,是否真的有创新。

⑤ 表达很重要,注意对自己的写作语言进行润色,使表达更准确和流畅,使思路更清晰。

⑥ 感谢曾提供过帮助的人。

⑦ 务必讲究学术道德。

本 章 小 结

本章主要介绍科技论文格式和写作技巧。科技论文写作是以科学和技术为主要内容的写作,随着科学技术的飞速发展,科技信息的剧增,科技论文写作引起了国内外的普遍重视。不但有相当数量专门研究它的论文、专著问世,而且还在大学里有了其一席之地。科学技术研究的创新成就,只有通过论文等信息载体为媒介公开发表,才能得到社会承认并成为生产力。科技论文在帮助创新者保护好自己的发明(科研)成果,保护知识产权方面有着重要意义。

本章思考题

1. 科技论文具有哪些基本特征?
2. 一篇完整的科技论文包括哪几部分?

第 3 篇　创新案例与创业指导

在"互联网+"行动和"大众创业,万众创新"的理念下,推进大众创业、万众创新,是发展的动力之源,也是富民之道、公平之计、强国之策,对于推动经济结构调整、打造发展新引擎、增强发展新动力、走创新驱动发展道路具有重要意义。创新是一种积极的思考方式,体现在研发、应用、服务、管理、文化等各个方面,创新能力与实践的聚合将推动社会的不断发展。

本部分试图用案例引导人们思考:科学突破和技术创新是怎样取得的?怎样更好地组织开展科技创新活动,使更多的科技成果转化为现实的生产力?同时,本部分通过创新实践案例引导学生学习、模仿、创作,又介绍了创业理论与实践,指导大学生创新创业。

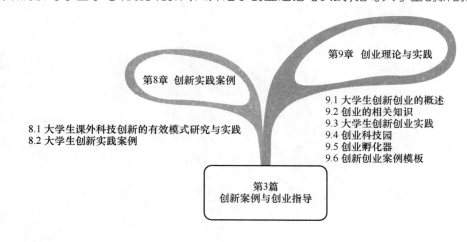

第 8 章 创新实践案例

本科生课外科技创新是实现专业培养目标的重要环节,是对学生实践能力和综合素质的检验和提升。本章用实例探索和完善本科生课外科技创新的有效实施模式。首先,提出科学的管理过程:课外科技创新前期,指导教师团队在多个环节上如何发挥作用;课外科技创新后期,优秀学生和指导教师进行总结。其次,建议建设和健全课外科技创新质量监控体系,推动科技创新活动长效机制。

8.1 大学生课外科技创新的有效模式研究与实践

8.1.1 简介

本科生课外科技创新是指高等学校大学生在学校和教师的倡导支持下,自觉组织起来,利用课余时间,立足社会、面向未来,以提高自身的能力与素质为目标所开展的科技制作、科技开发、科技服务和发明创新等形式的活动。大学生科技创新活动如何走上规范化、制度化、良性化发展的轨道成为一个重要的课题。本章用实例(组织学生参加全国大学生信息安全竞赛)探索了本科生课外科技创新的有效实施模式及其保障因素。

全国大学生信息安全竞赛是一项公益性大学生科技创新实践活动,目的在于宣传信息安全知识,培养大学生的创新意识、团队合作精神,提高大学生的信息安全技术水平和综合设计能力。自 2008 年起,每年举行一届,每届历时四个月,分初赛和决赛两个阶段。

8.1.2 课外科技创新的有效实施模式

课外科技创新的质量和数量直接影响着本科人才培养质量和学校总体教学水平,搞好课外科技创新工作对保证高校人才培养质量具有十分重要的意义。北京信息科技大学信息安全专业经过几年的课外科技创新工作实践和探索,对整个课外科技创新过程总结出一套行之有效的经验、方法(有效实施模式)。下面对此实施模式进行具体介绍。

1. 课外科技创新的主要阶段

① 课外科技创新指导教师申报研究题目及研究内容或由学生提出题目和内容。
② 课外科技创新指导小组审阅研究题目及研究内容。
③ 课外科技创新学生动员和学生报名(创新小组每个小组不超过 4 名学生,其中包括 1 名组长,每个小组指定 1 名指导教师,每名学生限参加 1 个小组)。

2. 课外科技创新的主要环节

(1) 作品的描述(任务)

科技创新作品一般来源于生活,服务于生活。作品任务书由教师主导、学生讨论共同完成,主要包括四部分内容:研究的目标、研究内容、创新点、作品的成果形式(论文、软件/硬件、测试报告)。

(2) 过程检查并辅导

过程检查和辅导每周一次,由学生汇报,由指导教师和课外科技创新指导小组检查并辅导(图 8-1)。过程检查包括作品目的、研究内容、概要设计、详细设计、已经实现内容、有待解决的问题和方案设计,汇报的主要内容如下。

已实现工作的总结和分析:①创新作品概况;②已完成工作内容;③已完成内容的设计思路与实现步骤,包括程序模块的设计(总体设计思路和流程图)、模块算法的详细设计、运行演示、源码清单;④已完成工作的小结。

有待解决的问题和方案设计:①有待解决的问题包括哪些;②这些待解决的问题的方案设计;③有待解决的问题的进度安排。

辅导内容主要包括模块划分与衔接、团队协调、团队信心、环境搭建、联合调试、甘特图的推进、创新总结等。

图 8-1　信息安全竞赛过程检查和辅导

(3) 课外科技创新验收

验收包括"作品报告评审＋系统演示与测试＋测试分析报告＋作品答辩",由答辩小组评审和组织答辩。作品报告评审和作品系统验收:由学生团队进行介绍,答辩小组验收。作品答辩:学生团队进行答辩与演示。学生答辩要求:内容陈述时间 8～10 分钟,每个小组选择一名队员通过 PPT 向评审专家介绍自己的参赛作品;系统演示与测试时间为 15 分钟,根据事先提交的功能和性能目标,向答辩小组做演示;回答问题的时间为 7 分钟,回答答辩专家的提问。

验收为优秀的作品,推荐参加全国大学生信息安全竞赛。

(4) 总结

以上阶段和环节,也是软件工程的实施过程。作品答辩结束时,指导教师给出总结,答辩小组给出点评。这一环节对课外科技创新是很有效的。

3. 课外科技创新的实施

北京信息科技大学的课外科技创新按照以上环节进行，指导教师和学生团队每周集中讨论一次。开学初的师生讨论，主要由教师介绍课题的计划目标、研究内容等，学生可以对课题提出质疑和建议，一般用时3～4周，让学生充分理解课题。之后的每周集中讨论主要由学生介绍课题的实施情况，包括课题的进展和遇到的困难，讨论时其他组学生可以提出质疑和建议，这样的讨论经常会产生创新的灵感和火花。

8.1.3 课外科技创新有效实施模式保障因素的建设

基于应用型人才培养的本科课外科技创新有效实施模式保障因素的建设内容主要包括：过程管理的建设、指导教师团队的建设、学生团队的建设和学生创新环境的建设。

1. 过程管理的建设

科学的过程管理是形成合力推动本科课外科技创新有效实施的主要因素。首先，过程管理规范化，营造浓厚的科技创新环境，通过建设规范化的过程管理，形成"机制建设为引导，制度建设为保障，规范流程为重点"的体系，使本科生科技创新工作更加规范；其次，构建两个平台，第一是实践拓展平台，科技创新作品100%来源于生活中的实际项目，第二是能力提升平台，通过课程实验、课程设计打造"学生基础团队"，通过开放实验、大学生创新课题、社团活动打造"学生能力团队"，通过科技竞赛、教师科研助研打造"学生精英团队"；最后，对学生的科技创新成果给予奖励，同时也对指导教师团队给予奖励，从而对课外科技创新进行过程监控、实施目标监控以及评价监控。

(1) 构建学生团队评价体系

参照传统的"约束型"评价体系，建设和健全"激励能动型"评价体系的方案。建设了课外科技创新质量评价指标体系，分为选题、方案设计、设计实现、作品创新性、作品测试、作品实用性和作品写作质量7个一级指标；同时下设12个二级指标，如作品指导目标、作品与实际联系程度、作品难易程度、作品实际工作量、运用专业知识的综合能力、调研及应用文献资料能力、外文阅读及翻译能力、计算机应用能力、作品测试、作品报告撰写水平、报告和图表规范化程度、创新性与成果实际应用价值等。每个指标按照五个等级（优、良、中、及格、不及格）打分评价。

(2) 构建指导教师团队课外科技创新教学质量评价体系

本科生课外科技创新指导教师团队教学质量评价体系涉及多方面的因素，因此选择评价指标必须遵循下列原则：具有相对独立性，具有可操作性，具有科学性，重点突出，导向明确，具有简明性。为避免片面性，使评估结论准确并符合实际，课外科技创新教学质量的评价应由多方面的人员参加，将评估主体的评价分为专家评估、学生团队评估和教师团队自评，在此基础上，结合所带学生的课外科技创新成绩给出最终的评价结果。将评价因素和评估主体进行整合，确定评价指标体系。在评价指标体系中，专家评估和教师团队自评对应的主因素层中均有3个评价因素"作品选题""作品准备与组织"与"工作方法和方式"，而学生团队评估中增加了"综合影响"这一评价因素。每个指标按照五个等级（优、良、中、及格、不及格）打分评价。

2. 指导教师团队的建设

有了评价体系，只是有了评价标准，还必须发挥指导教师团队的作用才能有效提高课外科技创新的质量。

首先，建立指导教师团队，供学生选择，由指导教师团队提供指导服务。由此，建立和健全指导教师指导资格的审批规则，可为建设一支学术水平高、实践能力强、有责任心的指导教师队伍奠定基础，这也是保障课外科技创新质量的关键。

其次，在本科生课外科技创新中，指导教师主要在以下七个环节上发挥作用。

① 指导课外科技创新小组的组建。课外科技创新小组最好由不同年级的学生构成，这有利于课题的延续和传承。

② 培训和指导科技创新小组成员进行文献检索。这一环节（第一阶段）可帮助学生获得文献资料，是做好作品（项目）的重要环节之一。经过几周的文献查阅后，项目组召开一个文献资料碰头会，项目组同学将优秀的文献推荐给同项目组的其他同学。这样既增进了学生查资料的积极性和扩大了团队阅读资料的范围，又实现了优秀资源的共享，从而保证了作品（项目）的第一阶段的顺利完成。

③ 课外科技创新项目开发的培训（第二阶段）。包括：指导教师团队的培训、高年级学生的培训、项目组学生自我培训。这也是帮助学生顺利做好课外科技创新的重要环节之一，也是项目组长的职责要求。培训很好地保证了课外科技创新的进度和质量。

④ 课外科技创新小组内学生的团队协作的建立及培养。指导教师团队做了项目开发的培训后，要充分发挥组内每个学生的特长和优点，保证项目组的协作。当然项目也需要指导教师的协助完成，指导教师应该及时对学生进行指导。

⑤ 课外科技创新作品报告撰写的培训。

⑥ 课外科技创新作品答辩的培训。疏忽这个环节，会导致创新小组不能很好地展示所做的作品。可参考的做法是：小组成员轮流预答辩，答辩优秀者代表小组进行答辩，答辩结束时，指导教师团队对各个小组作品进行点评。

⑦ 指导教师和优秀学生进行总结。课外科技创新之初，学生必有不惑，课外科技创新之终，需要指导教师和优秀学生进行总结，这个常被忽视的环节对于提升学生能力具有重要作用。

3. 学生团队的建设

在学生团队中，学生自我培训策略对学生实行激励和引导，可激发大学生的科技创新欲望。具体操作是上届优秀学生给下届学生介绍课外科技创新的过程、意义、经验和体会，实现团队自我培训和自我提高。然后，让下届学生"站在上届学生的肩膀上"继续深入创新，这也是创新与科研的规律。在课外科技创新进程中，可选择项目组优秀学生为其他学生进行讲解培训。

4. 学生创新环境的建设

设立专门的实验室，围绕课外科研，系统地开展基本科研技能培训、科研方法指导和竞赛指导，为大学生创新活动创造良好的环境。经过系统的训练后，学生的信息搜索、项目发掘、项目申请、项目规划和项目实施能力得到提升，毕业后能够很快融入就业单位和研究生培养单位，缩短大学教育与社会需求以及与研究生教育的磨合期。

学生自己管理实验室。实验室由学校提供条件,由学生负责人担负日常管理、仪器管理、材料管理三个方面的职责。同时要编制实验室建设规划和工作计划,并组织实施和检查执行情况,搞好实验室管理,完善各项规章制度,落实项目进度等。

8.2 大学生创新实践案例

8.2.1 基于网络隐私保护的动态密码研究

1. 作品介绍

目前,广泛的密码认证机制中主要流行的是静态密码或基于硬件的动态密码,单一的静态密码容易被破解,而基于硬件实现的动态密码,依赖外部设备且成本高。针对上述问题,该作品提出了基于挑战/应答方式的动态密码身份认证机制。注册时,用户任选一个算法规则来取代以往的静态密码直接注册;登录时,用户利用记忆的算法规则和服务器所提供的验证码(随机数)进行运算,并将运算结果作为本次密码输入,达到动态和安全身份认证的目的。实验证明,该方法能有效防止暴力破解和嗅探等常见攻击,同时大大提升了便捷度,解决了借助第三方(如短信、U盾等)在通信、携带、外部安全等方面带来的不便,达到了防止用户隐私泄露的目的。

2. 创新性

① 动态性,动态口令每次都动态产生,无法预测和跟踪。

② 方便性,不需要改变用户的使用习惯,无须再为记忆复杂的、定期更改的口令而烦恼。

③ 应用广泛,在不需要改造或重新采购交易终端及设备的前提下,可满足网上银行、手机银行、ATM、POS、柜面系统、电话银行等电子银行所有应用场景的身份认证需求。

3. 现状分析

(1) 国外研究现状

在20世纪80年代初,美国科学家莱斯利·兰伯特(Leslie Lamport)首次提出了利用散列函数产生一次性口令的思想。兰伯特方式最大的缺点是计算量特别大,需要做大量的加密计算。1991年贝尔通信研究中心(Bell core)用DES加密算法首次研制出基于一次性口令思想的挑战/应答式动态口令身份认证系统S/KEY。为了克服挑战/应答式动态口令认证系统使用过程的烦琐和占用通信时间资源过多的缺点,美国著名的加密算法研究实验室RSA成功研制了基于时间同步的动态口令认证系统RSA SecureID。

(2) 国内研究现状

2009年我国第一款完全符合商用密码技术标准的动态密码身份认证产品面世。2010年多款动态密码产品通过了商用密码型号认证。例如,达安SafePass动态口令身份认证系统采用基于时间而产生的一次性口令来代替传统的静态口令,从而避免了口令泄密带来的安全隐患;中科院信息安全国家重点实验室(DCS中心)于1998年研制成功具有我国知识产权的动态口令身份认证系统。以上产品推动了动态口令在我国的应用。

4. 作品设计

基于网络隐私保护的动态密码机制是变动的密码,其变动来源于产生密码的运算因子是变化的。动态密码的产生因子一般都采用双运算因子:其一为用户的私有(密码)规则;其二为变动因子。采用不同的变动因子,形成不同的动态密码认证技术,该作品重点研究基于挑战/应答方式的非同步认证技术。

基于挑战/应答方式的非同步认证技术以一定的算法为基础,登录时,服务器产生一个随机数发送给用户。用户用某种单向算法将自己的口令和随机数混合起来发送给系统,系统用同样的方法做验算即可验证用户身份。挑战/应答的变动因子是由认证服务器产生的随机数序列,它也是密码卡的密码生成的变动因子,每一个随机数都是唯一的,因此不会重复使用。

基于网络隐私保护的挑战/应答的动态密码结构如图8-2所示。其中,客户端包括登录和注册;服务器端包括注册要求、随机数机制、信息解密、登录计算、用户算法库、加密规则库和用户数据库等。

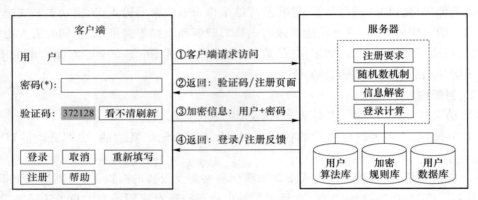

图 8-2 基于网络隐私保护的挑战/应答的动态密码结构图

(1) 用户注册

用户注册步骤如下。

①用户在客户端请求访问(注册)服务器。服务器保证处于开启状态,随时保持监听,等待用户的连接。②服务器返回注册页面。③用户填写注册信息、加密,并发送到服务器。用户在客户端填写注册信息,包括常规信息(用户名等)和特殊信息——"选择算法"。为了防止注册时用户名和注册算法二者完全暴露于屏幕,从而导致屏幕记录的密码遭盗窃,本程序将用户名的输入设计为"*"型隐式,并以2次输入来降低用户名的人为错误输入概率。选择算法(如运算规则、移位规则)时,若不想使用以上规则作为登录时的密码运算方法,则运算规则选择"+0";移位规则,可选择无移位。重新上传自己的个性化算法,并选择。客户端将注册信息加密后发送给服务器。④返回注册反馈。服务器收到信息后解密,然后按照用户名存入后台数据库中。数据库自动检测注册用户名是否重复。若重复则显示注册不成功,然后返回注册页面重新填写信息。若不重复,则显示注册成功,确认后跳转到登录页面。

(2) 用户登录

客户端登录时,需输入用户名和密码。密码由验证码和用户注册时选择的算法规则动态生成。具体步骤如下:①用户在客户端请求访问(登录)服务器。服务器保证处于开启状态,随时保持监听,等待用户的连接。②服务器返回登录页面。同时,服务器返回给客户端一个随机数(验证码)R,并且暂时保存此随机数(验证码)R。③用户填写登录信息、加密,并发送到服务器。输入完用户名后,用户需根据随机数(验证码)R与自己记忆中的算法$f(x)$规则,得出相对应的密码d,并输入。为保证传输安全,客户端对密码进行不可逆的 MD5(消息摘要算法)运算加密,变为$M(x)$连同用户名传给服务器。④返回登录反馈。服务器收到信息后根据用户名在数据库中找到该用户相应的算法并且利用该算法对随机数(验证码)R进行运算,得出$f'(x)$,然后对$f'(x)$也进行 MD5(消息摘要算法)运算得出$M'(x)$。服务器通过对比$M(x)$和$M'(x)$判定是否允许该用户登录,并返回登录反馈。

(3) 用户注册的算法设计

基于隐私保护的挑战/应答的动态密码算法设计(密码算法)应该简单、易用。注册选择算法实例如图 8-3 所示,其中包括两个算法(运算规则、移位规则)、用户名等信息。假设系统密码为 6 位。

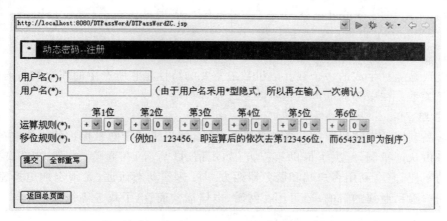

图 8-3 注册选择算法实例图

算法 1 运算规则:主要包括＋、－、×、/。例如,加法运算规则,用户可选择在任意位上做加法运算,即在随机数(验证码)R基础上,进行相应位的加法运算,相应位运算结果大于 10(十进制数)时,取模。同理用户可选择在任意位上做减法、乘法或除法等运算,相应位运算结果大于 10(十进制数)时,取模。

算法描述:
/* 根据用户的运算规则计算,返回 1,则密码正确;返回 0,则密码错误 */
int Algorithm1(User, Password,R) {
 /* R 为系统产生的随机数(验证码)*/
 ① 将 6 位随机数 R 拆分为 6 个 1 位数;//(这里假设 6 位密码)
 ② 根据用户 User 从用户管理库中找到用户注册时的参数(包括运算规则、运算参

数);
　　③ 根据第②步的参数,对每个数依次运算,大于 10 时,取模运算;
　　④ 将 6 个数重组为一个 6 位数 R´;
　　⑤ 将 R´与 Password 比较,若相同,则返回 1,否则返回 0。
}

算法 2　移位规则:可以选择向左移 X 位、向右移 X 位、倒序等操作。若向左移 X 位,右侧是循环补齐,也可用 0 或其他数字补齐,用户可选择。

算法描述:
/* 根据用户选择的移位规则计算,返回 1,则密码正确;返回 0,则密码错误 */
int Algorithm2(User, Password, R){
　　/* R 为系统产生的随机数(验证码)*/
　　① 将 6 位随机数拆分为 6 个 1 位数; //(这里假设 6 位密码)
　　② 根据用户 User 从用户管理库中找到用户注册时的参数(包括运算规则、运算参数);
　　③ 根据第②步的参数,进行移位;
　　④ 将 6 个数重组为一个 6 位数 R´;
　　⑤ 将 R´与 Password 比较,若相同,则返回 1,否则返回 0。
}

(4) 随机数算法设计

随机数是随机生成的一个数。随机数最重要的特性是它所产生的那个数与前面的那些数毫无关系。在服务器端产生随机数发送至客户端。

5. 总结

该作品利用动态密码原理和随机验证码技术,提出了基于隐私保护的挑战/应答的动态密码身份认证机制,解决了借助第三方(如短信、U 盾等)在通信、携带、外部安全等方面带来的不便,完全利用客户端和服务器两方即可达到动态认证,无须定期更换密码,达到防止用户隐私泄露的目的,还可用在网游、电信运营商、电子政务等领域。

8.2.2　基于 BP 神经网络的 Wi-Fi 安全评价模型研究

1. 作品介绍

如今越来越多的人使用手机、笔记本式计算机等移动终端通过连接 Wi-Fi 无线热点上网。然而,现有网络安全协议远没有达到人们期望的安全水平,用户在自己丝毫没有察觉的情况下,就会被别人窥探到网络浏览过程中录入的私人信息以及个人上网习惯,个人隐私受到极大的威胁。针对此类安全隐患,该作品提出了基于 BP 神经网络的 Wi-Fi 安全评价模型,实现了实时检测和拦截的智能评价系统。首先,分析了大量 Wi-Fi 热点,选取与无线热点安全相关的信息源;其次,构造 BP 神经网络模型,并对权值进行调整,形成了有较高可信度的 Wi-Fi 安全性评估体系;最后,在安卓平台上,设计了基于 BP 神经网络的 Wi-Fi 安全模型。经测试证明,该安全评价模型能够对用户周边无线热点进行扫描及安全性评估,并提供不安全无线热点断开连接功能。

2. 现状分析

(1) 国外研究现状

早期的无线网络在美国的夏威夷大学诞生，接着国外一些设备商（如 Cisco、Lucent）也加入其中，WLAN 开始商用。为了 WLAN 的健康发展，1997 年电气和电子工程师协会（IEEE）制定了 802.11 标准，随后分别发布了 802.11b 标准、802.11a 标准和 802.11g 标准，这些进展标志着国外在该领域的研究日益成熟。

(2) 国内研究现状

国内较早对 WLAN 进行研究的单位是西安电子科技大学、北京邮电大学、东南大学等。我国于 2003 年 5 月公布了自己具有自主知识产权的 WLAN 安全标准 WPAI，该标准通过了 IEEE 的认证和授权，这个标准代表了我国在 WLAN 安全领域取得的成就。Wi-Fi 是 IEEE 802.11b 的别称，是一种短程无线传输技术。近几年，无线访问节点的数量飞速增加，Wi-Fi 成为目前无线接入的主流标准，其安全性是决定无线局域网能否获得市场认可、用户信任的关键因素。为了解决 Wi-Fi 的安全问题，Wi-Fi 联盟于 2003 年推出 Wi-Fi 保护接入作为安全解决方案。目前，WPA2-PSK（AES）和 WPA-PSK（TKIP）是 Wi-Fi 无线网络使用最广泛的两种加密模式。但是因为 WPA2-PSK（AES）和 WPA-PSK（TKIP）的子算法的问题，WPA 正面临被破解的危机。

3. 作品设计

为了测定扫描到的 Wi-Fi 热点是否安全，必须有一套相对可靠的无线热点安全评估体系做保障。为此，本作品对大量 Wi-Fi 热点进行分析并选用 BP 人工神经网络模型对初始权值进行调整，以建立相对可靠的 Wi-Fi 安全评价体系。

(1) Wi-Fi 安全评价指标体系的建立

① 评价指标（参数）集的建立

评价 Wi-Fi 无线热点的安全性指标的选取关系到能否发挥评价的作用和功能。表 8-1 列出了谷歌官方文档中对于 android.net.wifi 包 ScanResult 类中扫描信息的说明。

表 8-1　Wi-Fi 无线热点检测信息描述

序号	类型	属性名	属性解释
1	字符型（public string）	接入点地址（BSSID）	接入点地址
2	字符型（public string）	Wi-Fi 名称（SSID）	网络名称
3	字符型（public string）	加密（capabilities）	接入点支持的身份验证、密钥管理和加密方案
4	整型（public int）	信号频率（frequency）	用户接入网络的信道频率（MHz）
5	整型（public int）	信号强度（level）	被测信号强度（dBm）
6	长整型（public long）	时间戳（timestamp）	同步时间戳（ms）

② 各评价指标（参数）的取值和标准化

该作品中根据被评价 Wi-Fi 无线热点的具体情况取值，因各个指标（参数）反映 Wi-Fi 无线热点状况的不同方面，其衡量单位不同，各个指标的取值很难直接互相比较。所以，为了解决 BP 神经网络训练的收敛问题和直接比较各个指标的问题，首先对各指标进行标准化处理，然后进行比较，标准化处理方法包括定量指标的处理和定性指标的处理。

③ Wi-Fi 热点评价结果评语集的构建

按照 Wi-Fi 热点评价指标的选取特点和安全评价特性,本研究将评价结果评语集设为 4 个等级{很不安全、不安全、基本安全、全安全},评语集等级解释如表 8-2 所示。

表 8-2　评语集等级说明

等级	说明
安全	Wi-Fi 网络具有较强的安全保障能力,应用安全
基本安全	Wi-Fi 网络具有一定的安全保障能力,应用基本安全
不安全	Wi-Fi 网络安全保障能力有限,应用存在安全隐患
很不安全	Wi-Fi 网络安全保障能力较差,应用存在安全形势严峻

(2) 基于 BP 神经网络的 Wi-Fi 安全评价模型设计

根据 BP 反向传播网络,Wi-Fi 安全评价模型包括输入层、隐含层、输出层。BP 反向传播示意图,如图 8-4 所示。

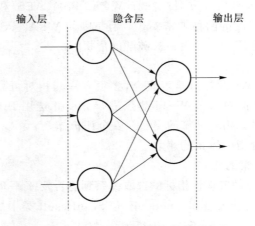

图 8-4　BP 反向传播示意图

① 构建输入层

参照 BP 神经网络模型工作原理的设计规则,Wi-Fi 安全评价指标(参数)个数和输入层神经元节点的个数相对应。本研究的评价指标(参数)由 6 个二级指标(参数)构成,并且根据二级指标(参数)采集数据,同时,结合实际情况删除 timestamp、BSSID、SSID 指标评价模型的输入层(共有 3 个输入神经元节点 capabilities、frequency、level)。

② 构建隐含层

依据 Robert Hecht-Nielsen 的理论,在闭区间的任何一个连续函数均能使用隐含层的 BP 神经网络来模拟。通常情况下,一个 3 层 BP 网络能够实现任意的 M 维~N 维的映射处理。在实践中,大部分 BP 神经网络采用单隐含层,因此,该作品采用了单隐含层的 BP 神经网络结构。

在构建 BP 神经网络时,网络隐含层节点数选得太多,导致训练学习时间效率降低,学习效果未必最佳;节点数选得太少,网络的容错性和非线性映射性能变差。目前,常见隐含层节点数确定的经验公式有 $h=N+0.618(N-O)$ 或 $h=\ln N$（N 表示输入节点个数，h 表示隐含层节点个数，O 表示输出节点个数），该作品使用 $h=\ln N$ 公式决定隐含层节点个数为 $h=1.5849≈2$。

③ 构建输出层

该作品的输出是对目标 Wi-Fi 热点的安全评价结论，参照表 8-2 的设定，该作品 BP 神经网络设计的输出层节点个数设置为 2。其中，输出结果(1,1)表示安全；输出结果(1,−1)表示基本安全；输出结果(−1,1)表示不安全；输出结果(−1,−1)表示很不安全。

Wi-Fi 安全评价模型算法流程如图 8-5 所示。假设循环次数为 30 就可以对权值进行较好的调整，学习率 learn_rate=0.1；激励函数 stimulant_func()设定为若输出值大于等于 0，则返回 1；否则返回−1；t 为控制变量。

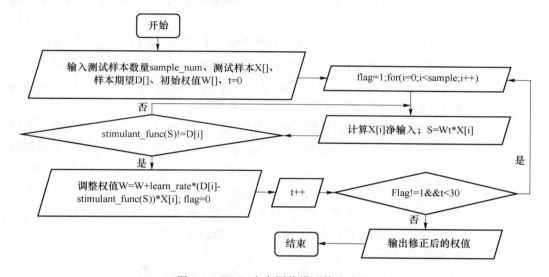

图 8-5　Wi-Fi 安全评价模型算法流程

(3) 评价体系的训练及学习

该作品中 BP 神经网络算法的自学习原则是信号强度越强、信号频率越高、加密措施越完善则安全系数越高。表 8-3 所示为训练 Wi-Fi 安全评估模型的 6 组训练样本。

表 8-3　Wi-Fi 安全评估模型训练样本

组别	频率/GHz	强度/dBm	加密类型	输入节点 1（权值）	输入节点 2（权值）	输入节点 3（权值）	期望输出
1	2 480	−55	WPA2	0.8	0.9	1	安全(1, 1)
2	2 467	−70	WPA	0.67	0.6	0.67	基本安全(1, −1)
3	2 438	−80	WEP	0.38	0.4	0.33	不安全(−1, 1)
4	2 412	−90	ESS	0.12	0.2	0	很不安全(−1, −1)
5	2 497	−76	WEP	0.97	0.48	0.33	安全(1, 1)
6	2 419	−62	WPA	0.19	0.76	0.67	基本安全(1, −1)

其中，前 4 组为刻意选取的不同安全等级的无线网络，该作品采集到网络的基本属性（信号频率、强度、加密类型以及不同的输入节点等），下面是对表 8-3 的取值说明。

① 信号频率的取值范围是 2 400～2 500 GHz，频率大小与安全性成正比，频率越大越安全。该作品将频率分为 4 段：2 400～2 425 GHz 为很不安全；2 425～2 450 GHz 为不安全；2 450～2 475 GHz 为基本安全；2 475～2 500 GHz 为安全。

② 信号强度的取值范围是 $-100\sim -50$ dBm，强度大小与安全性成正比，强度越强越安全，强度为 -50 dBm 时最安全，强度为 -100 dBm 时最不安全。本作品将强度分为 4 段：$-100\sim -87.5$ dBm 为很不安全；$-87.5\sim -75$ dBm 为不安全；$-75\sim -62.5$ dBm 为基本安全；$-62.5\sim -50$ dBm 为安全。

③ 加密方式有 4 种：ESS 代表加密方式为空，很不安全；WEP 为不安全；WPA 为基本安全；WPA2 为安全。

确定选择的属性及其特性后，为其赋予较为合适的权值，通过 BP 神经网络模型进行自学习，得出期望值。期望值分为 4 个等级：(1,1) 为安全；(1,-1) 为基本安全；(-1,1) 为不安全；(-1,-1) 为很不安全。最后，随机选取了两个无线网络进行测试，得到相应的网络期望值以及安全评级，验证了本算法的可行性。

表 8-3 中，所有输入节点数据均进行标准化处理。测试通过以下 6 组安全等级不同的数据使初始权值进行一个自学习过程，自动修改权值，最终使权值调整为一组相对可靠的数据。

- 信号频率安全、强度安全、加密方式安全的无线热点网络；
- 信号频率基本安全、强度基本安全、加密方式基本安全的无线热点网络；
- 信号频率不安全、强度不安全、加密方式不安全的无线热点网络；
- 信号频率很不安全、强度很不安全、加密方式很不安全的无线热点网络；
- 信号频率安全、强度不安全、加密方式不安全的无线热点网络；
- 频率很不安全、强度安全、加密方式基本安全的无线热点网络。

调整后的权值结合图 8-4 可表示为

$(A,B,C,D,E,F)=(0.065\,093,-0.042\,88,0.160\,573,0.103\,907,-0.093\,208,0.065\,143)$

4. 总结

现今用户对移动设备的依赖性越来越强，但绝大多数用户缺乏安全观念，因此用户应对免费 Wi-Fi 的安全问题引起足够的重视。本作品针对目前 Wi-Fi 的安全隐患，提出了基于 BP 神经网络的 Wi-Fi 安全评价模型，设计了 Wi-Fi 安全评价体系并在安卓平台上研发了评价系统。实验证明该模型能够给出无线热点的安全性评价，能够比较准确地给出无线网络的安全评级，同时提供打开、关闭无线网络的连接按钮，方便了用户在了解网络安全性后对网络进行断开、连接的操作。用户可以发现覆盖和连接问题，找到非授权或恶意的接入点，查看超负荷的网络和信道，以及检测干扰和验证安全设置。使用该模型，可使用户繁重而复杂的工作变得更高效、更安全、更轻松，确保用户的网络安全运行。

8.2.3　基于蓝牙技术的身份认证与实时防护系统

1. 作品介绍

随着电子商务和社交网站的兴起,如何保护用户账户的安全,防止用户个人隐私泄露和经济损失成为网络安全领域的热门话题。一些对安全性要求较高的电子商务网站或网上银行会采取较为复杂同时安全性也更高的认证手段(如安全证书等)。但是大部分网站仍在使用传统的身份认证方式,很难保证用户账户的安全。针对以上问题,该作品提出了一种通过蓝牙技术完成的新的身份认证方式。系统使用蓝牙4.0核心规范,利用蓝牙地址的唯一性和蓝牙设备(手机)的普及性,实现了基于蓝牙技术的身份认证和实时防护。该作品实现了以下主要功能:用户注册时扫描手机蓝牙地址将手机与账户绑定;登录时验证蓝牙设备是否匹配;登录后用户可选择启动实时保护,检测蓝牙设备以确保用户在计算机附近,扫描不到设备时采取相应的防护措施(如退出登录、锁屏等);用户暂离返回后,系统如果扫描到蓝牙设备将自动恢复成用户离开前的状态。

2. 创新性

① 该作品提出了一种理想的终端识别方案,即当用户走近终端机前,用户可无须进行输入密码等烦琐操作,终端机第一时间便能主动发现用户,认识用户,并能够智能化地对用户进行身份认证。

② 使用手机等移动设备蓝牙地址作为身份认证的主要依据,并结合初始密码实现软硬件结合的双因子认证模式,用户不需为之添加额外的设备成本,且进一步提升了身份认证的安全性和可靠性。

③ 采用了改进后的MD5加密算法,混淆蓝牙地址与用户密码后作为MD5加密的输入以生成身份校验码,使其不容易被攻击者窃取破译。使用扩展后的蓝牙地址作为DES加密的密钥,全过程无须用户操作,更为方便安全。由于身份信息加密后为固定长度的散列值,也进一步提高了身份验证的效率。

④ 系统对用户设备提供实时监测,并根据用户设置采取相应的安全策略。相比现有的超时退出机制,该方案更加主动化,防护更及时有效。

3. 现状分析

目前应用较多的身份认证都是通过一些传统方式实现的,而少数认证方式则受到硬件设备等因素的影响很难普及。现主要有如下几种方式认证。

(1) 用户名+口令的认证方式

这是最简单,最容易实现的认证技术。其优点是操作简单,不需要任何附加设施,且成本低速度快。其缺点是安全性差,属于单因子软件认证的方式。抗猜测攻击性差,系统保存的是口令的明文形式,一旦被攻破,系统将受到极大威胁。这种认证方式属于弱认证方式。

(2) 依靠生物特征识别的认证方式

该方式采用自动化技术测量人的生物特征,并将该特征与数据库的特征数据进行比较,从而完成身份识别。它以人唯一的、可靠的、稳定的特征为依据,例如指纹身份认证技术、语音身份识别技术、虹膜身份认证技术、签名身份认证技术等。但如今的技术还不完全成熟,生物识别的准确性和稳定性仍有待提高。

(3) 基于物理介质的认证方式

这种外部设备包括智能卡、动态令牌和 USB 密钥等。这些设备必须随身携带,且智能卡中读取的数据是静态的,通过内存扫描或网络监听等技术还是很容易截取用户的身份验证信息的,动态口令也很难解决好同步问题和操作烦琐问题,因此还是存在一定的安全隐患和缺陷。

4. 作品设计

本系统适用于需要进行身份识别的终端登录认证以及登录之后对用户账户施行实时防护策略的情况。首先用户进入系统注册个人信息时,系统会将密码与用户选定的蓝牙设备地址绑定并经加密算法处理之后存储在服务器端数据库。当用户登录系统时,该系统会自动扫描并匹配附近的蓝牙设备,如果与用户注册信息时绑定的蓝牙设备一致,则可以安全快捷登录,否则登录失败。如果用户没有携带蓝牙设备,用户可以选择普通验证码的登录方式,即系统向用户注册邮箱发送验证码,用户获取并验证之后登录。

用户登录成功之后,可以设置系统对用户离开时防护的策略,如锁屏、关机、退出登录等,同时系统将会以一定的频率不断扫描附近蓝牙设备并与用户绑定的设备相匹配,如果扫描匹配不成功,系统将实施设置的防护策略以实时保护用户信息的安全。系统总体功能如图 8-6 所示。

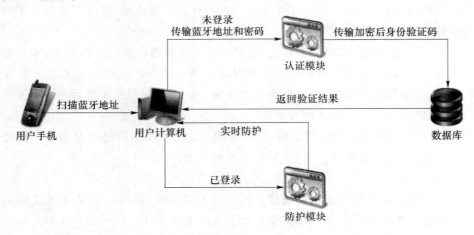

图 8-6 系统总体功能图

(1) 蓝牙扫描模块

此模块的主要功能为扫描附近蓝牙设备的地址,并将结果传入系统内部,作为系统其他模块的选择参数。Windows 环境下蓝牙开发需要用到第三方模块(InTheHand. Net. Personal. dll),其中关键的两个部分为 BluetoothClient 和 BluetoothListener。此模块利用其中主要函数扫描附近蓝牙设备,并保存设备名字和映射出来的设备地址。当系统其他模块需要扫描蓝牙设备时,调用写好的此模块即可。蓝牙扫描模块如图 8-7 所示。

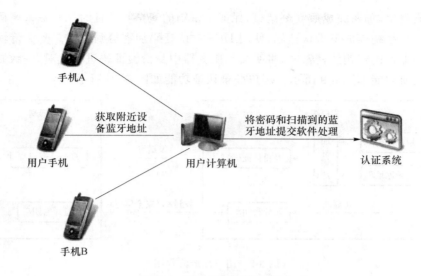

图 8-7　蓝牙扫描模块流程图

（2）数据加密模块

本模块的功能分为以下两部分。

① 将用户密码与蓝牙地址混合后加密以生成身份验证码

在传统的身份认证模式中，用户密码通过 MD5 函数处理后直接存入数据库中。攻击者有很多方法（如攻击服务器、拦截数据包等）获取密码的 MD5 值并破解。为防止用户密码的泄露，本作品使用特殊函数经过一系列处理将密码和蓝牙地址混合，再通过 MD5 函数生成身份验证码，从而有效防止用户密码的泄露。具体操作方法为：将密码扩展到 12 位，使用置换算法将其密码置换，再与蓝牙地址进行异或运算，生成混合密码，将此密码作为 MD5 函数输入。数据加密模块如图 8-8 所示。

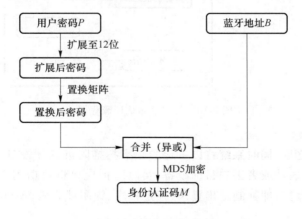

图 8-8　数据加密流程图

② 对身份验证码加密保障其在传输时的安全性

使用 DES 算法对身份验证码进行加密，选取和用户密码绑定的蓝牙地址生成密钥。在注册时使用安全信道把密钥传输到服务器端保存，用户每次认证时系统会扫描蓝牙地址自动生成密钥,加密完成后立刻销毁,保证了密钥的安全。认证时用户输入密码并扫描完蓝牙地址后系统生成身份认证码,使用 DES 对认证码加密得到密文。密文传输到服务器端后使用保存的密钥解密密文,将明文与服务器中身份验证码进行比对,一致则通过认证。用户注册功能如图 8-9 所示。用户登录认证功能如图 8-10 所示。

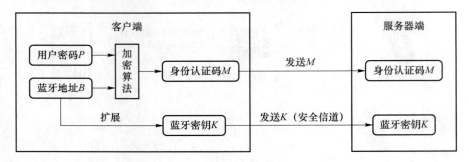

图 8-9　用户注册流程图

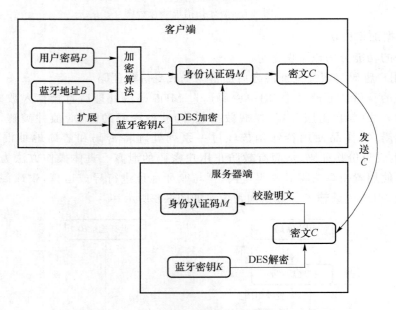

图 8-10　用户登录认证流程图

(3) 实时防护模块

用户登录成功之后,同时系统将以一定的频率扫描附近蓝牙设备并与用户绑定的设备匹配,如果匹配不成功或者丢失目标设备,实时防护模块将根据用户设定的防护策略,启动对系统用户的保护,即强制退出登录、锁定程序、锁闭计算机、关机等。实时防护流程如图 8-11 所示。

5. 总结

该作品以蓝牙技术为依托,为提高目前大多数终端认证的简便性和账户的安全性提供了一种新的解决方案。系统经过蓝牙地址获取、密码处理、消息加密等一系列处理机制,形成了较为完善的蓝牙身份认证;通过即时监测蓝牙设备状态实现了对用户的实时保护。现阶段基于公钥基础设施(PKI,Public Key Infrastructure)的身份认证方式仍然是公认的保障网络安全的最佳体系,是信息安全的核心。数字证书的权威性和不可否认性是 PKI 体系的基础。而目前在身份认证上,国内外通常的做法是利用 USB 密钥作为数字证书的载体。其优点是较为安全可靠,但是证书很难更新,管理较为麻烦,携带不便且容易丢失。我们希望采用人们常用的手机来作为数字证书的存储和管理工具。借助蓝牙技术与数字证书结合,实现更为安全方便的身份认证。蓝牙 4.0 技术的普及,以及其低功耗、更快速、更安全的特点,给未来物联网的发展带来了重大机遇,相信基于蓝牙技术的身份认证和实时防护可以得到更加广泛的应用,给人们的数字生活带来安全与便利。

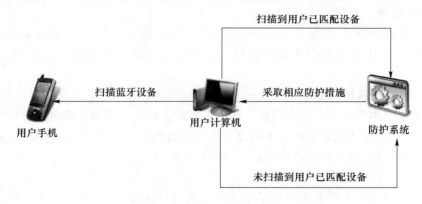

图 8-11 实时防护流程图

8.2.4 微信抢红包神器的设计

1. 作品介绍

随着社交网络的普及与发展,人们更倾向于使用网络进行日常社交,作为社交媒介的应用软件被不断开发并赋予更多功能。在这一基础上,结合日益完善的移动设备支付系统,微信推出了红包功能。在多人聊天群内抢红包时,很大一部分人常会苦于网速或手速问题、红包份额的设置问题,无法迅速领取好友发来的红包,针对这一现象,该作品提出了由插件代收红包的系统设计。首先针对微信产生的所有事件,对手机通知栏和聊天界面进行监听;其次通过对 View 节点的遍历,查找接收的消息中是否有特定的内容,如果有则对该消息进行使用 AccessibilityService 辅助功能的模拟点击;最后通过对手机权限 root 或 systemID 的获取,绕过检测机制实现对该插件静默安装,使插件可以在后台稳定运行。此外,在对插件的功能优化上,为了避免因重复收取而进行的不必要的模拟点击,添加布尔 ALL 标志位,让用户根据个人的需要控制插件使用的特定场所,如锁屏时或聊天界面内。实际测试证明,该插件可以在微信处于后台开启的情况下自动领取红包,也可以实现在聊天界面内的红包领取操作。

2. 创新性

该作品在对市面上已有的抢红包插件分析并进行功能的完善后,做出可以根据用户自身喜好控制红包的领取等功能,具体创新点如下:

① 改变对微信消息的监听方式,从以往只能根据通知栏推送获取红包消息转化为可

以在聊天界面内领取的方式；

② 手机处于各种状态时都可以领取红包，如锁屏状态下控制监听锁屏时的通知栏状态、聊天界面内监听消息列表状态；

③ 在屏幕熄灭或手机处于待机状态时能够点亮屏幕并自动领取红包；

④ 使用模拟点击并控制点击的范围或内容使得即使需要数字或手势密码解锁时，也可以自动解锁并对收到的红包进行领取；

⑤ 用户可以自定义是否在锁屏或聊天界面内收取红包，更加考虑用户体验；

⑥ 对已收到的红包进行过滤，避免出现重复收取的情况。

3. 现状分析

自微信红包出现之后，抢红包插件就被人们不断地研究开发，但目前市面上对于已有的抢红包系统的开发仍然存在很多漏洞。下面是对目前市面上已有的抢红包软件的分析。

（1）风行者红包挂

可以实现基本的自动抢红包功能。缺点是无法实现关于应用功能简介中声称的可以规避最大或最小包，无法实现躲避单双尾数最大或最小包，无法实现通过手动设置数值领取安全值内的红包，容易被检测出装有外挂并封停账号。

（2）贝贝抢红包

大多数时间可以实现基本的自动抢红包功能，但有时该软件无法正常运行。缺点是无法实现在锁屏状态下或聊天界面状态下的自动抢红包，使用一段时间后需要付费使用，用户体验不佳。

（3）快乐抢红包软件大小控制器

大多数时间可以实现基本的自动抢红包功能，但有时该软件无法正常运行。缺点是只能实现最简单的自动抢红包功能，防封账号功能无效，有时出现提示收取的红包为重复收取的漏洞。

（4）自动解锁抢红包

可以实现基本的自动抢红包功能，较其他抢红包辅助软件有着较为明显的支持自动解锁屏幕抢红包功能优势。缺点是锁屏状态必须设置滑动解锁，若需要数字密码或手势密码解锁则自动解锁无效，屏蔽不想抢的红包这一功能有漏洞，经常会弹出已屏蔽的群消息红包提示。

（5）卧底红包外挂授权码辅助工具

可以实现基本的自动抢红包功能，较其他抢红包辅助软件有着较为明显的支持自动解锁屏幕抢红包功能优势，能够有效屏蔽不想抢的群等关键字。缺点是锁屏状态必须设置滑动解锁，若需要数字密码或手势密码解锁则自动解锁无效。

4. 作品设计

微信抢红包神器以辅助功能 AccessibilityService 进行的模拟点击为技术核心，具体可细分为四个模块进行分析与设计，分别是：实时监听、节点遍历查找、模拟点击和绕过检测机制四个部分。图 8-12 所示为系统功能结构图。图 8-13 所示为系统设计流程图。

第8章 创新实践案例 | 127

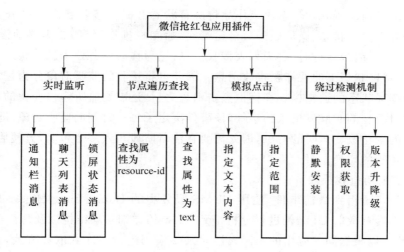

图 8-12 系统功能结构图

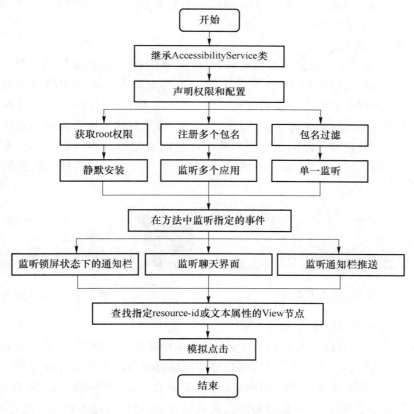

图 8-13 系统设计流程图

(1) 实时监听模块

在对微信产生的全部事件和屏幕状态变化产生的全部事件进行监听时，需要着重对消息的收取或屏幕状态的改变进行实时监听。结合以上两点，在针对收到的微信消息时，也需要考虑屏幕当前所处的状态。该作品将屏幕状态和微信接收状态简单分为三种：一为移动设备处于亮屏状态、微信处于后台运行时，通知栏推送消息；二为移动设备处于亮屏状态、微信处于前台运行时，聊天列表接收消息；三为移动设备处于息屏状态、微信处于后台运行时，锁屏状态下的通知栏接收消息。因此可将接收的监听对象分为正常通知栏、聊天列表和锁屏状态的通知栏。在模拟点击消息之后，还需要监听窗口变化的事件，即在窗口发生实时改变的时候发出来的事件，该事件决定了每一时刻的监听对象，即每一时刻可根据事件的变化改变监听的对象，因此需要在注册阶段写入多个包名，方便后续操作中对这些事件监听的切换。

（2）节点遍历查找模块

根据监听步骤得到微信事件，使用 DDMS 服务中的 Dump View Hierarchy For UI Automator 工具对微信 UI 结构进行分析得到 View 的详细布局结构以及每个 View 节点的属性，因此可以根据同一应用的不同属性对某一应用进行多次获取和查找，防止误查。遍历所有的节点后，找到需要的含有指定 resource-id 或文本属性的 View 节点，指定的文本内容属性为 text，指定的 id 属性为 resource-id，后者是应用的结构属性中的重要信息，可以根据这个 id 进行控件的查找。

（3）模拟点击模块

在通知栏接收一个微信红包的消息时，监听通知栏事件，查看通知栏的消息中是否有 [红包] 的文本内容，如图 8-14 所示，若含有这一内容则对当前接收到的该消息进行模拟点击；在聊天消息列表接收一个微信红包的消息时，监听消息列表事件，查看列表的消息中是否有 [微信红包] 的文本内容，如图 8-15 所示，若含有这一内容则对当前接收到的该消息进行模拟点击；在聊天界面接收一个微信红包的消息时，监听聊天界面，查看当前界面的消息中是否有 [微信红包] 的文本内容，若含有这一内容则对当前接收到的该消息进行模拟点击。

图 8-14　通知栏接收微信消息

图 8-15　聊天界面接收微信消息

（4）绕过检测机制模块

在当前市面上已有的抢红包插件中，或多或少存在着些许缺陷，如无法在聊天界面或列表中获取、无法在锁屏状态下获取，或是被微信检测出使用插件封停账号等。针对上述现象，该作品致力于改善前人产生的问题，分析完善这一插件的功能，并对其提出相关优化，并在完成这一课题后，进一步对检测机制进行分析，对绕过过滤的通道进行设计，并由此引申出避免此类插件滥用的方法，为当前的网络世界提供高效且符合规则的人性化设计。作品提出了三种规避检测机制的方案：一是绕过权限的不需要权限同意安装的静默安装；二是直接对移动设备的 root 权限进行获取，使应用的安装、运行和卸载都不被阻拦；三是对微信版本进行升级和降级，通过获取不同的 resource-id 等属性，改变监听以及模拟点击的规则和方法,避免微信端针对用户使用插件而封停账号。

5. 总结

该作品是一款基于安卓系统设计的针对微信程序自动抢红包的插件。设计者通过对过去已有的相关程序进行运行和研究,设计出符合设计者要求的功能更完善的微信抢红包插件。该插件满足通过自动获取 root 权限的静默安装,在后台运行并对微信所产生的所有事件进行实时监听,在通知栏或聊天列表中收到新消息时对是否含有红包进行遍历查找,最终对含有红包的消息进行模拟点击实现领取功能。该实验中设计的抢红包插件可以在反应速度上超过其他没有应用该插件的用户,但是在对红包金额的领取上并无优势,后续需要对红包的份额和金额进行研究,并设计能够控制红包尾数获取更大金额红包的功能。对于实时监听的研究需要更进一步,结合用户在任意程序上的使用行为,对不同用户进行特定的消息推广或行为提示等,令这一技术手段应用更为广泛。

本章小结

本科课外科技创新是实现专业培养目标的重要环节,是培养大学生创新精神和创新能力的重要途径,本章用实例完善本科课外科技创新的有效实施模式,提出课外科技创新前期,指导教师团队在多个环节上如何发挥作用;课外科技创新后期,优秀学生和指导教师团队进行总结;建议建设和健全课外科技创新质量监控体系,推动科技创新活动长效机制。

本科课外科技创新是在学生自愿参加的基础上实施的。这个有效模式的实施,使大学生科技创新逐步实现了有组织、有规划、有措施、有落实、有基金、有成效的工作目标,并取得了显著成绩。这项活动可以在全校范围内普及信息安全知识,提高学生信息安全意识,激发学生对信息安全的学习兴趣,使学生可以用所学的知识创造性地解决实际问题,养成创新的习惯。

本章思考题

1. 列举你大学生活中参加的各种科技创新实践活动。
2. 列举你生活中遇到的问题或困难,并试着通过设计创新方案来解决。

第 9 章 创业理论与实践

本章主要介绍创业理论与实践,希望读者获得必要的启迪和灵感,借着"互联网+"的东风投身"大众创业、万众创新"的大潮之中。

9.1 大学生创新创业的概述

9.1.1 国家当前创业形势

创业,不是少数人的专利,而是越来越多的人的选择。推进大众创业、万众创新,是发展的动力之源,也是富民之道、公平之计、强国之策,对于推动经济结构调整、打造发展新引擎、增强发展新动力、走创新驱动发展道路具有重要意义。

教育部新修订的《普通高等学校学生管理规定》针对近年来兴起的大学生创业潮也给予了支持,明确大学生创新创业可折算成学分。

为支持大学生创业,国家和各级政府出台了许多优惠政策,涉及融资、开业、税收、创业培训、创业指导等诸多方面。对于那些初出校门怀揣创业梦想的年轻人来说,创业该怎么开始?国家又为他们准备了哪些优惠政策?

根据《国务院关于进一步做好新形势下就业创业工作的意见》(国发〔2015〕23号)、《国务院办公厅关于深化高等学校创新创业教育改革的实施意见》(国办发〔2015〕36号)等文件规定,高校毕业生自主创业优惠政策主要包括以下几方面。

1. 税收优惠

简化大学生创业流程,取消"大学生自主创业证"。持人社部门核发的"就业创业证"(注明"毕业年度内自主创业税收政策")的高校毕业生在毕业年度内(指毕业所在自然年,即1月1日至12月31日)创办个体工商户、个人独资企业的,在3年内以每户每年8 000元为限额依次扣减当年应缴纳的营业税、城市维护建设税、教育费附加、地方教育附加和个人所得税,限额标准最高可上浮20%。对高校毕业生创办的小型微利企业,按国家规定享受相关税收支持政策。

2. 创业担保贷款和贴息

对符合条件的高校毕业生自主创业的,可在创业地按规定申请创业担保贷款,贷款额度为10万元。鼓励金融机构参照贷款基础利率,结合风险分担情况,合理确定贷款利率水平,对个人发放的创业担保贷款,在贷款基础利率基础上上浮3个百分点以内的,由财政给予贴息。

3. 免收有关行业行政事业性收费

毕业2年以内的普通高校学生从事个体经营（除国家限制的行业外）的，自其在工商部门首次注册登记之日起3年内，免收管理类、登记类和证照类等有关行政事业性收费。

4. 享受创业补贴

对大学生创办的小微企业新招用毕业年度高校毕业生，签订1年以上劳动合同并缴纳社会保险费的，给予1年社会保险补贴。

对于大学生在毕业学年（即从毕业前一年7月1日起的12个月）内参加创业培训的，根据其获得创业培训合格证书或就业、创业情况，按规定给予培训补贴。

5. 免费创业服务

有创业意愿的高校毕业生，可免费获得公共就业和人才服务机构提供的创业指导服务，包括政策咨询、信息服务、项目开发、风险评估、开业指导、融资服务、跟踪扶持等"一条龙"创业服务。各地在充分发挥创业孵化基地作用的基础上，因地制宜建设一批大学生创业孵化基地，并给予相关政策扶持。对基地内大学生创业企业要提供培训和指导服务，落实扶持政策，努力提高创业成功率，延长企业存活期。

6. 取消高校毕业生落户限制

高校毕业生可在创业地办理落户手续（直辖市按照有关规定执行）。

7. 创新人才培养

创业大学生可享受各地各高校实施的系列"卓越计划""科教结合协同育人行动计划"等，同时享受跨学科专业开设的交叉课程、创新创业教育实验班等，以及探索建立跨院系、跨学科、跨专业交叉培养创新创业人才的新机制。

8. 开设创新创业教育课程

自主创业大学生可享受各高校各类专业课程和创新创业教育资源，以及面向全体学生开设的研究方法、学科前沿、创业基础、就业创业指导等方面的必修课和选修课，享受各地区、各高校资源共享的慕课、视频公开课等在线开放课程和在线开放课程学习认证和学分认证制度。

把创新创业课程纳入国民教育体系。从健全创新创业教育课程体系、创新人才培养机制、改进创业指导服务等9个方面促进大学生创新创业。

9. 强化创新创业实践

自主创业大学生可共享学校面向全体学生开放的大学科技园、创业园、创业孵化基地、教育部工程研究中心、各类实验室、教学仪器设备等科技创新资源和实验教学平台。鼓励大学生参加全国大学生创新创业大赛以及各类科技创新、创意设计、创业计划等专题竞赛，参加高校学生成立的创新创业协会、创业俱乐部等社团，提升创新创业实践能力。

支持举办创业训练营、创业创新大赛、创新成果和创业项目展示推介等活动，搭建创业者交流平台，培育创业文化，营造鼓励创业的良好社会氛围，让大众创业、万众创新蔚然成风。对劳动者创办社会组织、从事网络创业符合条件的，给予相应创业扶持政策。

10. 改革教学制度

自主创业大学生可享受各高校建立的自主创业大学生创新创业学分累计与转换制度，学生开展创新实验、发表论文、获得专利和自主创业等可折算为学分，将学生参与课题研究、项目实验等活动认定为课堂学习的新探索。

自主创业大学生可享受为有意愿有潜质的学生制订的创新创业能力培养计划。高校将客观记录大学生的创新创业档案和成绩单并量化评价学生开展创新创业活动情况的教学实践活动,优先支持参与创业的学生转入相关专业学习。

11. 完善学籍管理规定

有自主创业意愿的大学生可享受高校实施的弹性学制,放宽学生修业年限,允许调整学业进程、保留学籍休学创新创业等管理规定。

12. 大学生创业指导服务

自主创业大学生可享受各地高校对自主创业学生实行的持续帮扶、全程指导、一站式服务;可享受地方、高校两级信息服务平台为学生实时提供的国家政策、市场动向等信息和创业项目对接、知识产权交易等服务;可享受各地在充分发挥创业孵化基地作用的基础上,因地制宜建设的大学生创业孵化基地,以及相关培训、指导服务等扶持政策。

9.1.2 大学生创业的自身优势与劣势

在首届中国"互联网+"大学生创新创业大赛总决赛举行时,李克强总理曾批示:"大学生是实施创新驱动发展战略和推进大众创业、万众创新的生力军"。对于创新创业,大学生拥有着很多先天优势。

首先,大学生是年轻的血液,有高昂的热情。大学生对未来充满希望和期待,具有"初生牛犊不怕虎"的精神,而这些都是一个创业者应该具备的素质。

其次,大学生拥有更多的理论知识。大学生有着较高层次的技术优势,而目前最有前途的事业就是开办高科技企业。技术的重要性是不言而喻的,大学生创业从一开始就必定会走向高科技、高技术含量的领域,"用智力换资本"是大学生创业的特色和必然之路。一些风险投资家往往就因为看中了大学生所掌握的先进技术,而愿意对其创业计划进行资助。

再者,现代大学生具有创新精神。他们有对传统观念和传统行业挑战的信心和欲望,而这种创新精神也往往造就了大学生创业的动力源泉,成为成功创业的精神基础。大学生心中怀揣创业梦想,努力打拼,创造财富。

最后,创业能够实现人生价值。大学生创业的最大好处在于能提高自己的能力,增长社会实战经验,以及学以致用。对于大学生来说,创业最大的吸引力在于通过成功创业,大学生可以实现自己的理想,证明自己的价值。

但是,年轻、知识、冲劲、创造力是资本,也是其劣势所在。每一位创业或者即将创业的大学生都会遇到各种各样的困难和问题。要充分认清自己,知己知彼,才能百战不殆。

第一,太年轻,太自信。由于大学生社会经验不足,常常盲目乐观。创业需要理智而不是冲动,创业需要冷静而不是狂热,对于创业中的挫折和失败,许多创业者感到十分痛苦茫然,甚至消沉沮丧。要深刻认识到创业失败的案例比比皆是,创业是成功与风险并存的,不能永远只看到成功的一面。看到成功,也看到失败,这才是真正的市场,也只有这样,才能使年轻的创业者们变得更加理智。在现实社会中,对行业缺乏深度审视,对社会和大众消费缺乏深刻理解,盲目创业,是大学生创业的"通病"。

第二,急于求成、缺乏市场意识及商业管理经验。大学生虽然掌握了一定的书本知识,但终究缺乏必要的实践和经营管理经验。对目标市场和竞争对手情况缺乏了解,分析时采用的数据经不起推敲,没有说服力。创业需要企业注册、管理、市场营销与资金融通等多方面的知识,在缺乏相应知识储备的情况下,仓促创业不仅难以融到必需的资金,而且在残酷的市场竞争中也将处于劣势。

第三,资金短缺,融资不易。大学生从校园里走出来,毫无资金积累,除了极少数有家庭支持资金的学生外,大多数学生都将遇到这个困难。大学生对创业的理解还仅停留在有一个美妙的想法与概念上。投资人看重的是你的创业计划真正的技术含量有多高,以及市场赢利的潜力有多大。对于这些,大学生必须有一整套细致周密的可行性论证与实施计划,而不是仅凭三言两语就能得到一个投资人青睐的。

第四,社会的氛围和认可。尽管政府出台了大量的创业培训、创业扶持、政策支持与优惠措施等现有政策,但是还有待进一步健全和完善,高校在创业培训教育与创业促进方面有待进一步加强。同时整个社会文化和商业交往中往往对年轻人会有些不信任,这很不利于年轻人进行创业活动。

9.2 创业的相关知识

9.2.1 创业准备

机遇只垂青那些有准备的人。如果没有准备,再好的机会也没有用。

1. 知识储备

创业者的知识素养对创业起着举足轻重的作用。在知识大爆炸、竞争日益激烈的今天,单凭热情、勇气、经验或只有单一专业知识,要想成功创业是很困难的。创业者需要有创造性思维,要做出正确决策,还必须掌握广博的知识,具有一专多能的复合型知识结构。

(1) 知识内容

创业者应具备多方面、全方位的知识结构,具体来说,可以概括为以下几个方面。

① 创业方面的国家法律、政策性知识

创业是一项事业,有一定难度,有较大的风险,所以需要有法律进行保障。创业者应当了解与创业有关的法律知识,具有创业法律意识以及寻找法律资源帮助的渠道。法律规定了创业者的有所为与有所不为,创业者只有了解了创业相关的法律知识,才能安全稳定地实行创业计划。在创业之前必须了解的法律、政策性知识列举如下:企业法律形式,企业的开业、变更及注销规定,税务管理相关知识,银行开户相关手续,商标注册、专利申请及部分特种行业许可的法律规定,保护合法经营的有关法律规定,商业合同、劳动合同等相关法律规定。

在实践中,常见初创业者在风险和利益同时存在的情况下,没有法律风险意识,不去找律师咨询,而是以赌博意识、投机心理和冒险行为替代理性的法律思维,以致造成惨痛的教训。

政策是创业者能够成功创业的催化剂,掌握政策知识是创业者能够更加高效创业的必要条件。针对自身的方向和特点,每一位创业者要选择适合自己的政策,即要适合自身的创业条件,要适合自身的创业行业,要适合自身的创业类型,要适合自身的创业过程。

选择了适合自身的创业政策,切实发挥好政策的实际效应,使政策的运用能真正降低经营成本,改善经营状况,提升经营能力,这对实现企业的发展壮大有实际作用,能够使企业走上长期发展的道路。

② 专业领域知识

任何一位创业者选择了一个创业方向和领域,就必须具备该行业和领域的专业知识。只有在这个前提下,才能对创业过程和前景进行准确的判断,避免盲目投资,取得最大的效益。专业领域的知识不仅包含专业方面的特长,还包含合理的知识结构,更要注重专业知识的创新,并在发展中不断"充电"。一般来说,大学生创业应立足于技术项目,尽量选择技术含量高、自主知识产权明确的项目,并在技术创新的基础上做好产品市场化工作。此外,在创业过程中要注意保护自己的知识产权,这是大学生创业企业的核心竞争力所在。

③ 相关的商业知识

创业在一定程度上也是一种商业活动,因此在创业过程中对相关商业知识的储备也必不可少,其中包括:合法开业知识,企业战略知识,企业文化知识,公司成立后的基本权利、责任和义务,营销知识,资金及财务知识,服务行业知识,以及创办企业的常用名词与重要文案(章程或协议)。

(2) 大学生学习创业知识的途径

有些大学生适合创业,也有创业的激情和梦想,但不能盲目创业,要进行充分准备,才能提高创业的成功率。对于打算创业的大学生来说,学习相关的创业知识是非常必要的。可以通过以下几种途径获得创业知识。

① 大学课堂、大学图书馆与大学社团

② 媒体资讯

一是纸质媒体,人才类、经济类媒体是首要选择,如《21世纪人才报》《21世纪经济报道》《IT经理人世界》等。二是网络媒体,管理类、人才类、专业创业类网站是必要选择,如比较出名的"中国营销传播网""中华英才网""创业网"等。此外,在各地创业中心、创新服务中心、大学生科技园、科技信息中心、先导民营企业的网站等都可以学到创业知识。

③ 专业培训,就业指导咨询

国家、地方政府都会有各种就业指导中心和服务机构,为学生实时提供国家政策、市场动向等信息,相关培训和指导服务等。

④ 曲线创业

即先就业再创业,边干边学,边学边干,带着问题学,学以致用,逐渐了解和掌握创业知识。先就业再创业的学生的创业项目通常与其过去的工作密切相关。

⑤ 创业实践

积极参加各类科技创新、创意设计、创业计划、发明专利等专题竞赛,以及高校学生成立的创新创业协会、创业俱乐部等社团。对先导企业家成长经历、对先导企业经营案例开展系统研究等也属间接学习范畴。直接的创业实践学习主要可通过课余、假期在外的兼职打工、求职体验、参与策划、参与市调、试办公司、试申请专利（知识产权局）、试办著作权登记（版权局）、试办商标申请（工商局）、业余参加某些职业知识与证书班培训等事项来完成；也可通过举办创意项目活动、参加或参观高新技术成果交易会、创建电子商务网站、谋划书刊出版事宜、尝试做自由撰稿人等多种方式来完成。

2. 基本素质

（1）认清自己

每个人都是有自我局限性的：个性上，有内向的，有外向的；做事方式上，有喜欢自己做事的，有喜欢把一个团队融合起来做事的。要认清自己到底是什么样的人，适合什么样的创业项目。

创业前，需要正确评估自己的实力，彻底梳理自己的一切资源和条件。实力，分为软实力和硬实力两方面。软实力，包括自身掌握的知识和信息，家族成员的工作、人脉、资源，可利用的朋友资源，个人社会人脉以及建立起来的信任感、声誉。没有任何一家公司是只靠一个人就建立起来的，充分利用身边的资源才能走得更远。硬实力，包括物质财富、负债与否、学历、专业技能、特长等。创业初期可能会面临财务困境，创业者要确保自己拥有足够的资金，或者能在资金不足时快速找到资金。深入了解自己的专业技能和特长，能够帮助创业者认清自己能做什么，能做到什么程度，从而对照市场情况加以使用或提升。

（2）欲望和热爱

欲望是创业的最大推动力。"欲"，实际就是一种生活目标，一种人生理想。创业者的欲望与普通人欲望的不同之处在于，他们的欲望往往超出他们的现实，往往需要打破他们现在的立足点，打破眼前的樊笼，才能够实现。

所以，创业者的欲望往往伴随着行动力和牺牲精神。欲望催生热爱，只有热爱自己的事业，才能有足够的动力坚持下去，这不是普通人能够做到的。因为欲望，而创业，因为热爱，而行动，再成功，这是大多数白手起家的创业者走过的共同道路。

（3）创新意识

创新是创业的灵魂，是发展的不竭动力。

创新意识是大学生进行创业的精神指南，它具有引导大学生进行创业的重要功能。创新意识能激发大学生的创业潜能。当大学生通过自己的有意培养实现了自身的创新意识的提高后，其必将基于对自身能力的自信以及借助新颖的点子而形成明确的创业意向，从而走上创业道路。

因此，创新意识将是对大学生创业潜能的一种有意开发。大学生是否具备创新意识，对于其自身的能力培养，尤其是对于其创业具有重要的意义。

（4）冒险拼搏的精神

艾略特曾说："世上没有一个伟大的业绩是由事事都求稳操胜券的犹豫不决者创造的。"

创业本身就是一项冒险活动，创业需要胆量，需要冒险。创业者的冒险精神是其创业和经营过程中不可缺少的品质，这使他们能够抓住稍纵即逝的机遇。要有胆量，敢下注，想赢也要敢输，风险和收益成正比，创业需要冒险精神，墨守成规不行。

但创业毕竟不是赌博,切忌冒进,做好风险管理的冒险拼搏才是可取的。创业不可能是一帆风顺的,总有失败,因此创业也是最需要强大心理承受能力的一项活动。

(5) 刚毅的忍耐和百折不挠的信念

对一般人来说,忍耐是一种美德,对创业者来说,忍耐却是必须具备的品格。

走向成功的过程代表成功前夜必不可少的痛苦涅槃,可能是无法想象的代价和努力,甚至必须忍受别人不能够忍受的憋闷、痛苦。如果有心自己创业,一定要先在心里问一问自己,面对体力和脑力的全面考验,有没有宠辱不惊的"定力"与"精神力",如果没有,那么创业可能不太适合自己。

(6) 善于分享的性格特质

作为创业者,一定要懂得与他人分享。一个不懂得与他人分享的创业者,不可能将事业做大。

就创业者而言,创业活动往往不是个人的英雄行为,而是创业者带领一个团队或者作为团队的一员共同努力的一个过程。在这个过程中,创业者需要和团队其他成员分享目标、愿望、理念以及利益,只有这样,才能在团队中建立一种支持性的机制,有利于困难的克服和目标的达成。优秀的创业者,不一定自己能力有多强,只要懂信任,懂放权,懂珍惜,就能团结比自己更强的力量,从而做大事业。

分享不是慷慨,对创业者来说,分享是明智。

(7) 正确的价值观和良好的商业道德

要做事,先做人,正确的价值观是一个人生存和发展的根基。没有良好的品德,价值观扭曲,创业必定不会成功;即使成功创业,最终也难免昙花一现,生命力不会长久。而良好的商业道德是创业能够经久不衰的基础。公认的商业道德有五点:忠于职守、诚信无欺、礼貌待客、文明经商、公平竞争。只有企业对客户、对社会、对员工诚信,客户、社会和员工才会为企业的发展锦上添花,企业的发展才有土壤。诚信、诚实、诚恳是创业团队的道德要求。

(8) 自我反省的能力

反省其实是一种学习能力。创业既然是一个不断摸索的过程,创业者就难免在此过程中不断地犯错误。反省,正是认识错误、改正错误的前提。对创业者来说,反省的过程,就是学习的过程。有没有自我反省的能力,具不具备自我反省的精神,决定了创业者能不能认识到自己所犯的错误,能不能改正所犯的错误,是否能够不断地学到新东西。

成功的创业者有一个共通之处,就是都非常善于学习,非常勇于进行自我反省。

作为一个创业者,遭遇挫折,碰上低潮都是常有的事,在这种时候,反省能力和自我反省精神能够很好地帮助创业者渡过难关。曾子说:"吾日三省吾身。"对创业者来说,问题不是一日三省吾身、四省吾身,而是应该时时刻刻警醒、反省自己,唯有如此,才能时刻保持清醒。

创业者需要的是综合素质,每一项素质都很重要,不可偏废。缺少哪一项素质,将来都必然影响事业的发展。有些素质是天生的,但大多数可以通过后天的努力来培养。从现在做起,培养自己的素质,创业成功一定指日可待。

3．能力储备

创业者的能力是决定创业前途的重要条件，总体来说，创业能力可以概括为三种，即专业能力、方法能力和社会能力，它们对创业的作用也有所不同。

（1）专业能力是创业的前提能力

专业能力是指企业中与经营方向密切相关的主要岗位或岗位群所要求的能力。劳动者在创办自己的第一个企业时，应该从自己熟悉的行业中选择项目。当然，创业者也可借助他人特别是雇员的知识技能来办好自己的企业，但在创办自己的第一个企业时，如果能从自己熟知的领域入手，就能避免许多"外行领导内行"的尴尬局面，大大提高创业的成功率。创业者应具备的专业能力主要体现在以下三个方面：

① 创办企业中主要职业岗位的必备从业能力；

② 接受和理解与所办企业经营方向有关的新技术的能力；

③ 把环保、能源、质量、安全、经济等知识和法律、法规运用于本行业实际的能力。

（2）方法能力是创业的基础能力

方法能力是指创业者在创业过程中所需要的工作方法，是创业的基础能力。创业者应具备的方法能力主要体现在以下九个方面。

① 信息的接收和处理能力：搜集信息、加工信息、运用信息的能力是创业者不可缺少的能力。创业者不但应具备从一般媒体中搜集信息的能力，随着科技进步和网络技术的普及，还应该具备从网络中获取信息的能力。

② 捕捉市场机遇的能力：发现机会、把握机会、利用机会、创造机会，是成功企业家的主要特征。

③ 分析与决策能力：通过消费者需求分析、市场定位分析、自我实力分析等过程，根据自己的财力、关系网、业务范围，依据"最适合自己的市场机会是最好的市场机会"的原则，做出正确决策，才能实现自己的创业目标。

④ 联想、迁移和创造能力：创业者要从别人的企业中得到启发，通过联想、迁移和创造，使自己的企业别具特色；并通过这种特色使自己的企业在同业市场中占有理想的份额。

⑤ 申办企业的能力：创办一个企业，需要做好哪些物质准备，需要提供什么证明材料，到哪些部门办哪些手续，怎样办等，均为创业者应具备的能力。

⑥ 确定企业布局的能力：怎样选择企业的地理位置，怎样安排企业内部布局，怎样考虑企业性质等，都是创业过程中不可回避的问题。

⑦ 发现和使用人才的能力：一个成功的创业者，肯定是一位会用人的企业家，他不但能对雇员进行选择、使用和优化组合，而且能运用群体目标建立群体规范和价值观，形成群体的内聚力。

⑧ 理财能力：这不仅包括创业实践中的奖金筹措、分配、使用、流动、增值等环节，还涉及采购能力、推销能力等。

⑨ 控制和运筹能力：成功的创业者，要对规划、决策、实施、管理、评估、反馈所组成的企业管理的全过程，具有控制和运筹能力。

（3）社会能力是创业的核心能力

社会能力是指创业过程中所需要的行为能力，与情商的内涵有许多共同之处，是创业成功的主要保证,是创业的核心能力。创业者具备的社会能力主要体现在人际交往能力、谈判能力、企业形象策划能力、合作协调能力、自我约束能力和适应变化和承受挫折的能力等方面。

① 人际交往能力。创业者不但要与消费者、本企业雇员打交道,还要与供货商、金融和保险机构、本行业同人打交道,更要与各种管理部门打交道,因此,创业者必须具有较强的人际交往能力。

② 谈判能力。一个成功的企业,必然有繁忙的商务谈判,谈判内容可能涉及供、产、销和售后服务等多个环节,创业者必须善于抓住谈判对手的心理和实质需求,运用"双胜原则"即自己和对方都能在谈判中取胜的技巧,使自己的企业获利。

③ 企业形象策划能力。在激烈的市场竞争中,在公众中树立良好的企业形象,是创业成功的主要条件。创业者应善于借助各种新闻媒体和各种渠道,宣传自己的企业,提高企业知名度。

④ 合作协调能力。创业者不但要与自己的合作者、雇员合作,也要与各种企业发展有关的机构合作,还要与同行的竞争者合作。创业者要善于站在对方的角度,理解对方,体谅对方,要善于与他人合作共事,和睦相处。

⑤ 自我约束能力。创业者要善于根据本行业的行为规范,来判断、控制和评价自己和别人的行为;要善于根据自己的创业目标,约束和控制自己与目标相悖的行为和冲动。

⑥ 适应变化和承受挫折的能力。一个企业要想在竞争激烈、变化多端的市场中立足并发展,企业家就必须具有适应变化、利用变化、驾驭变化的能力。在经营过程中,有赔有赚、有成有败,企业家必须具有承受失败和挫折的能力,具有能忍受局部、暂时的损失,而获取全局、长期收益的战略胸怀。

哈佛大学拉克教授讲过这样一段话:"创业对大多数人而言是一件极具诱惑的事情,同时也是一件极具挑战的事情。不是人人都能成功,也并非想象中那么困难。但任何一个梦想成功的人,倘若他知道创业需要策划、技术及创意的观念,那么成功已离他不远了。"

4. 市场调查

古代兵法有云:兵马未动,粮草先行。做任何一件事情,前期的准备工作是必不可少的。凡事预则立,不预则废。

可以说,创业一直是勇敢者的游戏,但是创业更是有准备者的战场。不打无准备之战,知己知彼,方能百战不殆。当一次机会(项目、产品)出现在创业者面前的时候,创业者往往会举棋不定,这仗打还是不打,值不值得打,这就需要创业前期的市场调查来给出答案。

首先,对于创业者而言,市场调查的目的就是弄清楚自己看中的或者掌握的创业项目的产品或服务,在当地有没有市场,归结为一道选择题:做还是不做。不管是选择前者还是后者,都要把调查的数据、材料摆到桌面上来,然后说服自己。为什么能做,又为什么不能做,而这些都需要体现到市场调查上。所以可以这样说,一次科学的市场调查可以决定某个项目(产品)的生死,也可以决定创业者此次创业的成败。

什么是市场调查呢?对于创业者而言,市场调查的概念可以理解为市场需求调查。

就是对某创业项目的产品或服务的行销,即对该创业项目的潜在购买者或现实使用者,以及市场营运过程中可能遇到的问题所进行的调查,以便创业者做出正确决策。这个概念有三层意义,首先是讲市场调查的对象即项目技术、产品或服务的购买或使用者,以及市场营运的过程;其次是讲市场调查的科学性,即要有针对性,不能以偏概全;最后是讲市场调查的作用,就是支持创业者做出决策。

(1) 市场调查的作用

市场调查的主要作用可以归结为描述、分析、预测。通过调查描述当前市场环境与行业状况、客户需求与目标市场状况、竞争对手及自我经营状况等;根据描述分析行业、市场、客户、自身经营与竞争者的现状和投资项目的可行性,并对未来做出尽可能准确的预测,从而将决策的风险降到最低限度,从根本上提高创业成功的概率。

具体而言,市场调查主要有以下作用。

① 市场调查有助于创业者把握宏观的市场环境,加深对自己所从事行业的了解,为自己的经营决策提供宏观的环境依据。

② 通过市场调查,确定客户的需求,生产客户需要的产品,保证企业获得丰厚的利润。因此,市场调查是企业取得良好经济效益的重要保证。

③ 市场不是一成不变的,客户的需求在不同的时期也各不相同。通过市场调查,可以发现一些新的商机和需求,以便开发新的产品去满足这些新需求。

④ 通过市场调查可以了解企业自身的产品和经营状况,发现企业产品的不足及经营中的缺点,及时地加以纠正,改进企业的经营策略,使企业始终保持生机与活力,在竞争中永远立于不败之地。

⑤ 通过市场调查还可以及时掌握企业竞争者的动态,了解竞争者的经营状况与策略,对方产品或服务的优势、不足以及在市场上所占份额的大小,以便针对竞争者的情况,及时调整和改进自己的经营策略。

现代营销观念认为,实现企业各种目标的关键,是正确认识目标市场的需要和欲望,并且比竞争者更有效、更有利地传送目标市场所期望满足的东西。而市场调查是企业了解目标市场需求和竞争对手行动的最有效的手段。因此,随着现代营销观念的逐渐普及,市场调查在全球范围得到了广泛的重视。

(2) 市场调查的内容

创业者没有做市场调查,就不能对某个创业项目妄加评论,就不能很好地指导自己的创业项目。如果说创业是分阶段分步骤进行的话,那么市场调查就是创业的第一步,但它却决定了创业的成败。市场调查一般包含哪些方面的内容呢?

① 市场需求调查。如果要生产或经销某一种或某一系列产品,应对这一产品的市场需求量进行调查。也就是说,通过市场调查,对产品进行市场定位。比如想开眼镜店,应调查市场对它的需求量,相同或相类似的店铺已经有多少,市场占有率是多少。比如提供制冷维修服务,应调查居民对这种项目的了解和需求程度,需求量有多大,有无其他人或公司提供相同的服务项目,市场占有率是多少。市场需求调查的另一重要内容是市场需求趋势调查,即了解市场对某种产品或服务项目的长期需求态势;了解该产品或服务项目是逐渐被人们认同和接受,需求前景广阔,还是逐渐被人们淘汰,需求萎缩;了解该种产品

或服务项目从技术和经营两方面的发展趋势如何等。

② 客户情况调查。这些客户可能是原有的客户,也可能是潜在的客户。客户情况调查包括两个方面的内容。

- 客户需求调查。例如,购买某种产品(或服务项目)的客户大都是些什么人(或社会团体、企业),他们希望从中得到哪方面的满足和需求(如效用、心理满足、技术、价格、交货期、安全感等),现时的产品(或服务项目)为什么能够较好地满足他们某些方面的需要等。
- 客户的分类调查。重点了解客户的数量、特点及分布,明确自己的目标客户,掌握他们的详细资料,如果是某类企业和单位的话,应了解这些单位的基本状况,如进货渠道、采购管理模式、联系电话、办公地址,某项业务负责人具体情况和授权范围,对某种产品或服务项目的需求程度、购买习惯和特征。如果客户是消费者个人,应了解消费群体种类,即目标客户的大致年龄范围、性别、消费特点、用钱标准、对某种产品或服务项目的需求程度、购买动机、购买心理、使用习惯。掌握这些信息,将为有针对性地开展业务做好准备。

③ 竞争对手调查。在开放的市场经济条件下,做独家买卖太难了,在开业前,也许已有人做相同或类似的业务,这些就是现实的竞争对手。也许开展的业务是全新的,有独到之处,在刚开始经营的时候,没有对手;一旦生意兴旺,马上就会有许多人学习,竞相加入,这些就是潜在对手。了解竞争对手的情况,包括竞争对手的数量与规模,分布与构成,竞争对手的优缺点及营销策略,做到心中有数,才能在激烈的市场竞争中占据有利位置,有的放矢地采取一些竞争策略,做到人无我有,人有我优,人优我独,人独我精。

④ 市场销售策略调查。重点调查了解目前市场上经营某种产品或开展某种服务项目的促销手段、营销策略和销售方式主要有哪些。如销售渠道、销售环节、最短进货距离和最少批发环节,广告宣传方式和重点,价格策略,促销手段,销售方式等,调查这些经营策略是否有效,有哪些缺点和不足,从而为创业者将要采取哪些经营策略、经营手段提供依据。调查对象一般为消费者、零售商、批发商。在以消费者为调查对象时,要注意有时某一产品的购买者和使用者不一致,如对婴儿食品的调查,其调查对象应为孩子的母亲。此外还应注意一些产品的消费对象主要针对某一特定消费群体或侧重于某一消费群体,这时应注意选择产品的主要消费群体,如对于化妆品,调查对象主要选择女性;对于酒类产品,调查对象主要选择男性。

(3) 常见的市场调查方法

按调查范围不同,市场调查可分为:市场普查、抽样调查和典型调查三种。

① 市场普查。即对市场进行一次性全面调查,这种调查量大、面广、费用高、周期长、难度大,但调查结果全面、真实、可靠。在中小型创业项目中,创业者没有能力,也没有必要搞这种大规模的市场普查。

② 抽样调查。即根据一定数量的样本推断总体的状况。比如经销针对小学生的动漫精品店,可选择一两个学校的一两个班级小学生进行调查,从而推断出小学生群体对该种产品的市场需求情况。

③ 典型调查。即从调查对象的总体中挑选一些典型个体进行调查分析,据此推算出

总体的一般情况。

按调查方式不同,市场调查可分为:访问法、观察法和试销或试营法。

① 访问法。即事先拟定调查项目,通过面谈、信访、电话等方式向被调查者提出询问,以获取所需要的调查资料。这种调查简单易行,有时也不见得很正规,在与人聊天闲谈时,就可以把自己的调查内容穿插进去,在不知不觉中进行市场调查。

② 观察法。即调查人员亲临客户购物现场,如商店或交易市场,亲临服务项目现场,如饭店内或客车上,直接观察和记录客户的类别、购买动机和特点、消费方式和习惯、商家的价格与服务水平、经营策略和手段等,这样取得的一手资料更真实可靠。要注意的是调查行为不要被经营者发现。

③ 试销或试营法。即对拿不准的业务,可以通过试营业,或产品试销来对市场进行分析。

市场调查整理就是将调查结果,包括问卷调查的结果,进行整理分析。在对调查结果进行整理时,首先要确定调查的项目技术或者产品能不能做。很多时候,调查收集到的材料便足以帮助我们做出大概的判断,以后的分析整理,确定项目技术、产品在市场上的地位,明确优缺点,市场细分,决定目标市场等会使我们更冷静地面对。如果某个产品,在被调查者中,有超过80%的人认为没有市场,不会去购买,那么趁早收手;如果有50%的被调查者不看好该产品,那就得谨慎了;同样,几乎所有的被调查者都愿意接受即将提供的某项技术服务,那说明该技术在当地是有市场的,如果这个比例达不到6成,做起来将相当困难。

(4) 市场调查应注意的问题

尽管市场调查在认识和操作上存在很多误区,但市场调查对于了解市场状况仍然具有不可忽视的积极意义,市场调查应注意以下几点。

① 市场调查应该持续不断地进行。

② 调查者应尽量避免个人倾向,确保调查结果的准确性。

③ 市场调查可用来了解市场对某种产品或服务的反应,而不要以其决定投入何种产品或服务。换句话说,企业应更多关注产品或服务的质量和差异性。

④ 企业要盯住市场,不能只盯住市场调查。要注意规划未来市场,不能完全以客户需求为导向,还要注意引导客户,创造需求。

5. 撰写创业计划书

创业计划书是创业者制定的创办企业的各个方面的规划与计划。一份好的创业计划书,可以收到事半功倍的效果,可以成为创业企业在各方面获得成功的通行证,也是创业者创业成功必备的要素之一。

(1) 创业计划书的作用

创业计划书是一种和国际接轨的商业文件,具有明显的商业价值。这种商业价值是从多方面表现出来的。创业计划书具有以下几个作用。

① 指导作用。创业计划书是创业全过程的纲领性文件,是创业实践的战略设计和现实指导。因此创业计划书对于创业实践具有非常重要的指导作用。只有那种没有真正的战略思考和可操作性的创业文件才没有明显的效果。

② 聚才作用。创业计划书的聚才作用是很宽泛的。主要表现在：吸引创业人才进入；吸引新股东加盟；吸引有志之士参加创业团队；吸引对创业计划感兴趣的单位赞助和支持。

③ 整合作用。创业计划书的整合作用是最根本、最重要的作用。在创业的过程中，各种生产要素是分散的，各种信息是凌乱的，各种工作是互不衔接的。在编写创业计划书的过程中，创业者可以梳理思路，进行调研，完善信息，找到各种程序之间的衔接点，最终把各种资源有序地整合起来，调动起来，围绕着创造和形成商业利润，进行最佳要素的组合。这种整合把各种分散的资源聚拢起来，形成一种增量资源，实现明显的经济效益。

④ 争取创业资金支持的作用。资金是企业的血液，是创业的要素，是创业企业能够获得快速发展和崛起的前提。创业企业要想获得风险投资的支持，其中最重要的一步就是审验创业者的创业计划书。因此，写好创业计划书对创业者获得风险投资的支持具有不可替代的作用。

(2) 创业计划书写作要点

一般来说，创业计划书的格式都是类似的，但是每一份计划需要强调和突出的重点有所不同。尽管有这些差异，创业计划书也具有一些共同的特征。总的来说，它们都应该提供一个清晰的容易为人理解的画面，显示着商业投资的机会和风险。

① 逐步完善。一个创业计划总是沿着基本的创业思路的概念逐步完善的。开始，计划只强调几个关键性的因素，随着分析的深入，新的条目不断地被补充。随着新的情况出现，计划还需要重新评估并加入反映这些新情况的条目。

② 简单明了。创业计划应当简洁明了。人们在阅读一份自己特别感兴趣的创业计划时，应能立即找到问题及其解决办法。这需要一个相当清晰的结构。并不是纯粹的数据分析便可以使读者信服，但以一种简明的方式，按重要程度给出直接的结论却可以做到这一点。任何被认为可能会引起读者兴趣的主题都应该被全面而简洁地讨论。

③ 通俗易懂。鉴于人们在阅读创业计划时一般不会有作者在旁边回答问题或给予解释，所以编写时应尽量采用通俗的语言以避免产生误解。创业计划应用事实说话。尽可能让语调显得客观，以使读者可以仔细思考创业者的说法。创业计划应当做到让外行也能看得懂。一些企业家认为他们可以用大量的技术细节、精细的设计方案、完整的分析报告打动读者，但大多数时候并不是这样。只有少量的技术专家参与创业计划的评估，许多读者都是全然不懂技术的门外汉，他们更欣赏一种简单的解说，也许用一个草图或图片做进一步说明会更好。如果非要加入一些技术细节，可以把它放到附录里去。

④ 风格一致。创业计划的写作风格应一致。一份创业计划，通常由几个人一起完成，但最后的版本应由一个人统一完成，以避免写作风格和分析深度不一致。创业计划是敲门砖。它不仅要以一种风格完成，而且应该看起来很统一，很职业化。

(3) 循序渐进完成创业计划

第一阶段：创业计划构想细化。

第二阶段：客户调查、竞争者调查。

第三阶段：文档制作。

第四阶段：创业计划答辩。

关于文档的制作细节,创业计划书一般应写两份:一份给自己,另一份给投资人。给自己的计划书应包括以下主要内容:简介、企业目标陈述、企业设想描述、产品与服务介绍、市场分析、生产计划、市场营销计划、组织计划、财务计划、风险评估、附录。给投资人的计划书不仅要包括给自己的计划书的全部内容,还应包括以下内容:封面、计划摘要、组织定位、组织远景与经营模式说明等。具体内容如下。

① 封面

封面的设计要有艺术性,一个好的封面会使阅读者产生最初的好感,给人留下良好的第一印象。

② 计划摘要

计划摘要放在创业计划书的最前面,它浓缩了创业计划书的精华。计划摘要涵盖了计划的要点,一目了然,以便读者能在最短的时间内评审计划并做出判断。

计划摘要一般要有以下内容:公司介绍,管理者及其组织,主要产品和业务范围,市场概况,营销策略,销售计划,生产管理计划,财务计划,资金需求状况等。

在介绍企业时,首先要说明创办新企业的思路,新思想的形成过程以及企业的目标和发展战略。其次要交代企业现状、背景和企业的经营范围。在这一部分中,要对企业以往的情况做客观的评述,不回避失误。中肯的分析往往更能赢得信任,从而使人容易认同企业的创业计划书。最后还要介绍创业者自己的背景、经历、经验和特长等。创业者的素质对企业的成绩往往起关键性的作用。在这里,创业者应尽量突出自己的优点并表示自己强烈的进取精神,以给投资者留下一个好印象。在计划摘要中,创业者还必须要回答下列问题:企业所处的行业,企业经营的性质和范围;企业主要产品的内容;企业的市场在哪里,谁是企业的顾客,他们有哪些需求;企业的合伙人、投资人是谁;企业的竞争对手是谁,竞争对手对企业的发展有何影响。

③ 组织定位

组织定位反映出组织的经营策略,在产业价值系统里,创业者要用自己的产品和服务明确界定自己的角色。投资人总是试图从创业者的商业计划书中获得创业者对于组织的定位。进一步说就是创业者得有与众不同的定位。

④ 组织远景与经营模式说明

要将企业的战略妥善包装,创业者应当让自己的组织有一个非常清楚的远景,未来几年创业者的组织会变成什么样的格局,让投资人能有一个期待。

⑤ 人员及组织结构

有了产品之后,创业者第二步要做的就是组成一支有战斗力的管理队伍。企业管理的好坏,直接决定了企业经营风险的大小。而高素质的管理人员和良好的组织结构则是管理好企业的重要保证。因此,风险投资家会特别注重对管理队伍的评估。

企业的管理人员应该是互补型的,而且要具有团队精神。一个企业必须要具备负责产品设计与开发、市场营销、生产作业管理、企业理财等方面的专门人才。在创业计划书中,必须要对主要管理人员加以说明,介绍他们所具有的能力,他们在本企业中的职务和责任,他们过去的详细经历及背景。此外,在这部分创业计划书中,还应对企业结构做简要介绍,包括企业的组织机构图;各部门的功能与责任;各部门的负责人及主要成员;企业的报酬体系;企业的股东名单,包括认股权、比例和特权;企业的董事会成员;各位董事的背景资料。另外要阐明团队是否完整,缺少什么人才,了解自己的不足,诚实面对它并要求协助。

⑥ 行业及市场预测

当企业要开发一种新产品或向新的市场扩展时,首先就要进行市场预测。在创业计划书中,市场预测应包括以下内容:市场现状综述;竞争厂商概览;目标顾客和目标市场;本企业产品的市场地位;市场区隔和特征等。创业者应牢记的是,市场预测不是凭空想象出来的,对市场错误的认识是企业经营失败的最主要原因之一。

⑦ 产品与服务基本介绍

在进行投资项目评估时,投资人最关心的问题之一,就是企业的产品、技术或服务能否以及在多大程度上解决现实生活中的问题,或者是,企业的产品(服务)能否帮助顾客节约开支,增加收入。因此,产品介绍是创业计划书中必不可少的一项内容。通常,产品介绍应包括以下内容:产品的概念、性能及特性;主要产品介绍;产品的市场竞争力;产品的研究和开发过程;发展新产品的计划和成本分析;产品的市场前景预测;产品的品牌和专利。

在产品(服务)介绍部分,创业者要对产品(服务)做出详细的说明,说明要准确,也要通俗易懂,必须使作为非专业人员的投资者也能明白。产品介绍都要附上产品原型、照片或其他介绍。一般地,产品介绍必须要回答以下问题:顾客希望企业的产品能解决什么问题,顾客能从企业的产品中获得什么好处?企业的产品与竞争对手的产品相比有哪些优缺点,顾客为什么会选择本企业的产品?企业为自己的产品采取了何种保护措施,企业拥有哪些专利、许可证,或与已申请专利的厂家达成了哪些协议?为什么企业的产品定价可以使企业产生足够的利润,为什么用户会大批量地购买企业的产品?企业采用何种方式去改进产品的质量、性能,企业对发展新产品有哪些计划等。产品(服务)介绍的内容比较具体,因而写起来相对容易。虽然夸赞自己的产品是推销所必需的,但应该注意,企业所做的每一项承诺,都要努力去兑现。

⑧ 营销计划

营销是企业经营中最富挑战性的环节,影响营销策略的主要因素有:消费者的特点;产品的特性;企业自身的状况;市场环境方面的因素。最终影响营销策略的则是营销成本和营销效益因素。

因此在创业计划书中,营销策略应包括以下内容:市场机构和营销渠道的选择;营销队伍和管理;促销计划和广告策略;价格决策。

⑨ 财务规划

财务规划需要花费较多的精力来做具体分析,其中就包括现金流量表,资产负债表以及损益表的制备。流动资金是企业的生命线,因此企业在初创或扩张时,对流动资金需要有预先周详的计划和进行过程中的严格控制;损益表反映企业的赢利状况,它是企业在一段时间运作后的经营结果;资产负债表则反映在某一时刻的企业状况,投资者可以用资产负债表中的数据得到的比率指标来衡量企业的经营状况以及可能的投资回报率。

财务规划一般要包括以下内容:创业计划书的条件假设;预计的资产负债表;预计的

损益表;现金收支分析;资金的来源和使用。

⑩ 风险预见

创办企业的风险来自各个方面,有市场风险,有执行计划中的风险。在计划书中不仅要一一列出这些风险,还要告诉投资者企业在面对这些风险时会做出哪些反应,要根据不同风险制定出不同方案。常常要回答以下问题:公司在市场、竞争和技术方面都有哪些基本的风险?准备怎样应对这些风险?在创业者看来,某公司还有一些什么样的附加机会?在最好和最坏情形下,创业者的五年计划表现如何?

6. 融资

融资是一个企业的资金筹集的行为与过程,也就是说企业根据自身的生产经营状况、资金拥有的状况,以及企业未来经营发展的需要,通过科学的预测和决策,采用一定的方式,从一定的渠道向公司的投资者和债权人去筹集资金,组织资金的供应,以保证公司正常生产需要、经营管理活动需要的理财行为。公司筹集资金的动机应该遵循一定的原则,通过一定的渠道和方式进行。

(1) 常见的融资方式

① 融资租赁

中小企业融资租赁是指出租方根据承租方对供货商、租赁物的选择,向供货商购买租赁物,提供给承租方使用,承租方在契约或者合同规定的期限内分期支付租金的融资方式。

想要获得中小企业融资租赁,企业本身的项目条件非常重要,因为融资租赁侧重于考察项目未来的现金流量。因此,中小企业融资租赁能否成功,主要取决于租赁项目自身的效益,而不是企业的综合效益。除此之外,企业的信用也很重要,和银行放贷一样,良好的信用是下一次借贷的基础。

② 银行承兑汇票

中小企业融资双方为了达成交易,可向银行申请签发银行承兑汇票,银行经审核同意后,正式受理银行承兑契约,承兑银行要在承兑汇票上签上表明承兑的字样或签章。这样,经银行承兑的汇票就称为银行承兑汇票,银行承兑汇票具体说是银行替买方担保,卖方不必担心收不到货款,因为到期买方的担保银行一定会支付货款。

银行承兑汇票中小企业融资可以降低企业财务费用。

③ 不动产抵押

不动产抵押中小企业融资是目前市场上运用最多的中小企业融资方式。在进行不动产抵押融资上,企业一定要关注中国关于不动产抵押的法律规定,如《中华人民共和国担保法》《中华人民共和国城市房地产管理法》等,避免上当受骗。

④ 股权转让

股权转让中小企业融资是指中小企业通过转让企业部分股权而获得资金,从而满足企业的资金需求的融资方式。中小企业进行股权转让融资,实际是引入新的合作者,吸引直接投资的过程。因此,股权转让对象的选择必须十分慎重而周密,否则企业会失去控制权而处于被动局面,建议创业者在进行股权转让之前,先咨询公司法专业人士,并谨慎行事。

⑤ 提供担保

提供担保中小企业融资的优势主要在于可以把握市场先机，减少企业资金占压，改善现金流量。这种融资适用于已在银行开立信用证，进口货物已到港口，但单据未到，急于办理提货的中小企业。进行提货担保中小企业融资时企业一定要注意，一旦办理了担保提货手续，无论收到的单据有无不符点，企业均不能拒付和拒绝承兑。

⑥ 国际市场开拓资金

这部分资金主要来源于中央外贸发展基金。中小企业如果想通过这个渠道来融资，要注意，市场开拓资金主要支持的内容是：境外展览会、质量管理体系、环境管理体系、软件出口企业和各类产品认证、国际市场宣传推介、开拓新兴市场、培训与研讨会、境外投标等，对面向拉美、非洲、中东、东欧和东南亚等新兴国际市场的拓展活动，优先支持。

⑦ 互联网金融平台

互联网金融平台对申请融资的企业进行资质审核、实地考察，筛选出具有投资价值的优质项目在投融资信息对接平台网站上向投资者公开；并提供在线投资的交易平台，实时为投资者生成具有法律效力的借贷合同；监督企业的项目经营，管理风险保障金，确保投资者资金安全。

⑧ 大学生自主创业小额担保贷款

近年来，各级政府相继出台了一系列鼓励和支持大学生自主创业的政策，其中包括为自主创业的大学生及毕业生提供小额担保贷款的政策。这是很多刚毕业或者即将毕业的大学生创业起步时比较关注的融资方式，下面进行详细介绍。

a. 申请大学生创业小额担保贷款的范围

凡是国家普通高校毕业生，身体健康，诚实守信，有创业能力并办理"自主创业证"的，都可在户口所在城市申请贷款。

b. 申请小额担保贷款应具备的条件

由于各地政策规定的大学生创业小额担保贷款发放的条件和要求不同，总体来说，对于申请小额担保贷款规定的条件基本一致的有以下六点：

- 有市毕业生就业指导服务部门核发的"自主创业证"；
- 申请贷款的项目属于国家限制行业之外的项目，即建筑业、娱乐业、广告业等行业以外的项目；
- 申请贷款要有项目可行性分析、项目实施计划和还款计划；
- 参加过大学生创业园举办的创业培训或再就业技能培训，有与实施项目相应的经营能力；
- 要提供足够的反担保措施，包括有固定住所、固定收入和固定工作岗位的第三方个人担保、有价证券质押、不动产抵押或由市有关部门认定为信誉社区提供的信誉担保；
- 要有较为固定的经营场所。

c. 办理小额担保贷款的程序

对于大学生或大学毕业生来讲，申请小额担保贷款的程序如下。

- 到市毕业生就业指导服务部门申领"自主创业证"，并进行资格审核，合格者填写

"高校毕业生自主创业申请小额贷款推荐表"。
- 毕业生持"自主创业证""高校毕业生自主创业申请小额贷款推荐表"向户口所在地社区提出申报,并提交项目可行性分析报告、项目实施计划、还款计划、培训证明材料和提供担保所需要的证明材料及其他相关材料。社区按申请人提供的申请材料,对申请人贷款的基本材料进行初审,核实申请人资料的真实性,经街道社会保障和就业科同意,出具推荐证明,报所在地的县(市、区)劳动就业保障部门。
- 县(市、区)劳动就业保障部门对申请人进行资格认定,出具申请人资格认定证明,同时对贷款申请项目进行把关,合格后将审查合格的贷款申请人资料报送本县(市、区)担保机构;担保机构对贷款申请人的担保申请以及所提供的反担保措施进行审核;担保机构承诺担保后,劳动就业保障部门将申请人有关资料一并报送当地经办银行;经办银行受理后,对贷款项目进行评审;同意贷款后,经办银行与担保机构签订担保合同,经办银行与贷款申请人签订贷款合同;签订贷款合同后,贷款申请人应在经办银行开立结算账户,经办银行按照贷款合同约定的时间将款项划入该账户;经办银行在为创业的毕业生发放贷款后,在"自主创业证"上注明已办理贷款字样。
- 贷款申请人应将贷款情况到市毕业生就业指导服务部门进行登记,并送交贷款合同复印件。

d. 国家给予贷款贴息的经营项目

对在社区、街道、工矿区等从事家庭手工业、修理修配、图书借阅、旅店服务、餐饮服务、洗染缝补、复印打字、理发、小饭桌、小卖部、搬家、钟点服务、家庭清洁卫生服务、初级卫生保健服务、婴幼儿看护和教育服务、残疾儿童教育培训和寄托服务、养老服务、病人看护、幼儿和学生接送服务等微利个体经营项目,给予贷款贴息政策扶持。

⑨ 科技型中小企业技术创新基金

科技型中小企业技术创新基金通过拨款资助、贷款贴息和资本金投入等方式,扶持和引导科技型中小企业的技术创新活动。根据中小企业和项目的不同特点,创新基金支持方式主要有以下几种。

a. 贷款贴息

对已具有一定水平、规模和效益的创新项目,原则上采取贴息方式支持其使用银行贷款,以扩大生产规模。一般按贷款额年利息的50%~100%给予补贴,贴息总额一般不超过100万元,个别重大项目可不超过200万元。

b. 无偿资助

主要是中小企业技术创新中产品的研究、开发及中试阶段的必要补助、科研人员携带科技成果创办企业进行成果转化的补助,资助额一般不超过100万元。

c. 成本投入

对少数起点高,具有较广创新内涵、较高创新水平并有后续创新潜力,预计投产后有较大市场,有望形成新兴产业的项目,可采取成本投入方式。

d. 天使投资

天使投资是自由投资者或非正式创业投资机构,对处于构思状态的原创项目或小型初创企业进行的一次性的前期投资。天使投资虽是创业投资的一种,但两者有着较大差别:天使投资是一种非组织化的创业投资形式,其资金来源大多是民间资本,而非专业的创业投资商;天使投资的门槛较低,有时即便是一个创业构思,只要有发展潜力,就能获得资金。

(2) 融资方式的选择

① 遵循"先内部融资,后外部融资"的优序理论

按照现代资本结构理论中的优序理论,企业融资的首选是企业的内部资金,主要是指企业留存的税后利润,在内部融资不足时,再进行外部融资。而在外部融资时,先选择低风险类型的债务融资,后选择发行新的股票。采用这种顺序选择融资方式的原因有以下三点。

a. 内部融资成本相对较低、风险最小、使用灵活自主。以内部融资为主要融资方式的企业可以有效控制财务风险,保持稳健的财务状况。

b. 负债比率尤其是高风险债务比率的提高会加大企业的财务风险和破产风险。

c. 企业的股权融资偏好易导致资金使用效率降低。一些企业将筹集的股权资金投向自身并不熟悉且投资收益率并不高的项目,有的上市公司甚至随意改变其招股说明书上的资金用途,并且并不能保证改变用途后的资金使用的获利能力。在企业经营业绩没有较大提升的前景下,进行新的股权融资会稀释企业的经营业绩,降低每股收益,损害投资者利益。此外,在我国资本市场制度建设趋向不断完善的情况下,企业股权再融资的门槛会提高,再融资成本会增加。

目前,我国多数上市公司的融资顺序则是将发行股票放在最优先的位置,其次考虑债务融资,最后是内部融资。这种融资顺序易造成资金使用效率低下,财务杠杆作用弱化,助推股权融资偏好的倾向。

② 考虑实际情况,选择合适的融资方式

企业应根据自身的经营及财务状况,并考虑宏观经济政策的变化等情况,选择较为合适的融资方式。

a. 考虑经济环境的影响。经济环境是指企业进行财务活动的宏观经济状况,在经济增速较快时期,企业为了跟上经济增长的速度,需要筹集资金用于增加固定资产、存货、人员等,企业一般可通过增发股票、发行债券或向银行借款等融资方式获得所需资金,在经济增速开始放缓时,企业对资金的需求降低,一般应逐渐收缩债务融资规模,尽量少用债务融资方式。

b. 考虑融资方式的资金成本。资金成本是指企业为筹集和使用资金而发生的代价。融资成本越低,融资收益越好。由于不同融资方式具有不同的资金成本,为了以较低的融资成本取得所需资金,企业自然应分析和比较各种融资方式的资金成本的高低,尽量选择资金成本低的融资方式及融资组合。

c. 考虑融资方式的风险。不同融资方式的风险各不相同,一般而言,债务融资方式因其必须定期还本付息,因此,可能产生不能偿付的风险,融资风险较大。而股权融资方式由于不存在还本付息的风险,因而融资风险小。企业若采用了债务融资方式,由于财务杠杆的作用,一旦企业的息税前利润下降,税后利润及每股收益会下降得更快,从而给企

业带来财务风险,甚至可能导致企业破产。美国几大投资银行的相继破产,就与滥用财务杠杆、无视融资方式的风险控制有关。因此,企业务必根据自身的具体情况并考虑融资方式的风险程度选择适当的融资方式。

d. 考虑企业的盈利能力及发展前景。总的来说,企业的盈利能力越强,财务状况越好,变现能力越强,发展前景越好,就越有能力承担财务风险。在企业的投资利润率大于债务资金利息率的情况下,负债越多,企业的净资产收益率就越高,对企业发展及权益资本所有者就越有利。因此,当企业正处在盈利能力不断上升,发展前景良好时期,债务融资是一种不错的选择。而当企业处在盈利能力不断下降,财务状况每况愈下,发展前景欠佳时期,企业应尽量少用债务融资方式,以规避财务风险。当然,盈利能力较强且具有股本扩张能力的企业,若有条件通过新发或增发股票的方式筹集资金,则可用股权融资或股权融资与债务融资两者兼而有之的融资方式筹集资金。

e. 考虑企业所处行业的竞争程度。企业所处行业的竞争激烈,进出行业比较容易,且整个行业的获利能力呈下降趋势时,则应考虑用股权融资,慎用债务融资。企业所处行业的竞争程度较低,进出行业也较困难,且企业的销售利润在未来几年能快速增长时,则可考虑增加负债比例,获得财务杠杆利益。

f. 考虑企业的控制权。中小企业融资中常会使企业所有权、控制权有所丧失,而引起利润分流,使企业利益受损。例如,房产证抵押、专利技术公开、投资折股、上下游重要客户暴露、企业内部隐私被明晰等,都会影响企业的稳定与发展。要在保证对企业相当控制力的前提下,既要达到中小企业融资目的,又要有序让渡所有权。发行普通股会稀释企业的控制权,可能使控制权旁落他人,而债务融资一般不影响或很少影响控制权。

(3) 创业融资误区及解决方案

资本是创业者实现自己创业的最关键因素,因此创业者常常为筹集资本而百般忙碌。尽管从何处筹资、能否筹集到资本都是无法准确预测的事情,但是,创业者在融资前可以先考虑一些必要的问题,避开创业融资误区,以便为最终决策提供依据。

① 当前大学生创业融资的主要误区

初出茅庐的大学生在初次创业的道路上除了面临社会经验、管理能力等方面的不足外,在创业融资过程中,经常会遇到这样或那样的问题,甚至会陷入创业融资的误区,从而造成巨大损失,甚至导致创业失败。当前,大学生在创业融资时的误区主要有如下三个方面。

a. 轻易地贱卖技术或创意。一些大学生创业者急于得到启动或周转资金,往往在融资时出现"给小钱让大股份"以及廉价卖出核心技术或创意等情况。

b. 即便投资人不能提供增值性服务和指导,仍与其捆绑在一起。投资绝不仅仅是钱,还包括人脉、管理经验等的投资。除此之外,还有最重要的一点,就是双方理念一定要一致。某大学的学生在创办一个网络项目的时候,苦于没钱,病急乱投医,找了一个做饭馆起家的投资商。投资人对互联网根本不了解,但又有着很理想化的幻想(恨不得投入50万元一年赚回5 000万元),在项目进行了三个月快要有盈利眉目的时候(当时只花了投资的40%),投资人突然反悔停止继续投资,最终导致这个项目以失败告终。

c. 对创业投资不负责任地使用,烧别人的钱圆自己的梦。用自己的钱(尤其是用自己辛苦赚来的钱）和用别人的钱心态完全是不一样的。拿别人的钱来做实验，好像是自己捡了一个大便宜，但其实是损失了更多。拿别人的钱做实验的人，会偏离一个创业者所必需的踏实谨慎的轨道，会比较容易像一个赌徒一样草率地做各种决策。可以想象，赌的代价必定是失败。虽然没有损失自己的钱，但是损失了自己的时间，损失了自己在投资圈中的口碑，更可怕的是很有可能会滋长自己不务实、浮于表面的恶习。

② 大学生创业融资误区的解决方案

资金作为企业的血脉，必不可少，因此融资问题对新创企业来说显得尤为重要。大学生们要想凭借自己的技术或创意获得应有的回报，就必须解决好融资问题。针对上述三个误区，创业者在融资的过程中需要做好以下工作。

a. 在制定融资方案之前要准确评估自己的有形和无形资产的价值，千万不要妄自菲薄，低估了自己的价值。如果你的项目是一个"垃圾堆"，即使你放弃你99%的股权也不会有人投资。但如果你的项目确实是一座金矿，即使你只让出1%的股权也会有很多人追着你投资。

b. 融资过程中要做好融资方案的选择。尽管国内的融资渠道还不是很健全，但方式比较多。多渠道的比较与选择可以使创业者有效地降低融资成本，提高效率。

c. 如果采用出让股权的方式进行融资，则必须做好投资人的选择。只有同自己经营理念相近，其业务或能力能够为投资项目提供渠道或指导的投资才能有效支撑企业的成长。目前的关键问题是，大学生很难找到融资对象，找到一个就像发现了救命稻草一样，根本就没有讨价还价的余地，这样的融资肯定会给后续工作带来很多麻烦。出现这种问题的主要原因是信息不对称，因此创业者一定要加强对融资市场的信息收集与整理，在掌握大量的情报资料的前提下做出最优的选择。

d. 创业不仅是实现理想的过程，更是使投资者（股东）的投资保值增值的过程。创业者和投资者是一个事物的两个方面，大家只有通过企业这个载体才能达到双赢的目标。"烧投资者的钱圆自己的梦"的问题说到底是创业者的信用问题，怀抱这种思想的人不会成为一个成功的创业者。能为股东创造价值的创业者才能得到更多的融资机会和成长机会。因此创业者不仅要加强自身的技术能力，还需要具备企业家的道德风范。

大学生创业者只有解决好了融资问题，才能将自己的技术和创意转化为赢利的工具，才能在激烈的市场竞争中立于不败之地。拓宽融资渠道，对投资人负责，才能使自己的企业茁壮成长。

9.2.2 创业启动

创办企业需要按照合法的程序办理相关的手续才能受到法律的保护。否则，初创企业会四处碰壁，步履维艰。

1. 确定企业的名称

企业的名称是有规范和要求的。一般来说，要注意以下几点。

① 企业法人必须使用独立的企业名称，不得在企业名称中包含另一个法人名称，包括不得包含另一个企业法人名称。

② 企业名称应当使用符合国家规范的汉字，民族自治地区的企业名称可以同时使用

本地区通用的民族文字。企业名称不得含有外国文字、汉语拼音字母、数字(不含汉字数字)。

③ 企业名称不得含有有损国家利益或社会公共利益、违背社会公共道德、不符合民族和宗教习俗的内容。

④ 企业名称不得含有违反公平竞争原则、可能对公众造成误认、可能损害他人的利益的内容。

⑤ 企业名称不得含有法律或行政法规禁止的内容。

⑥ 企业名称是企业权利和义务的载体,企业的债权、债务均体现在企业名称项下。企业申请登记注册的名称不得与其他企业变更名称未满三年的原名称相同,或者与注销登记或被吊销营业执照未满三年的企业的名称相同。

2．选择企业地址

在企业运营地点选择方面,很多欧美企业一般遵循"四最"原则:

① 把一次性成本降到最低;

② 把运营成本降到最低;

③ 把潜在的风险降到最低;

④ 把机会放到最大。

3．创办企业

(1) 前置审批

前置审批指在办理营业执照过程中,核查企业名称之后,需要去其他有关部门对具体项目进行审批,审批通过后或取得相应的许可证后才能办理工商营业执照。

(2) 注册

根据我国现行法律,个人创业的主要途径有:设立有限责任公司;申请登记个体工商户;设立个人独资企业;设立合伙企业;设立一元制公司。

① 注册资本最低限额

a. 有限责任公司

除法律、法规另有规定外,取消有限责任公司最低注册资本3万元、一人有限责任公司最低注册资本10万元、股份有限公司最低注册资本500万元的限制;不再限制公司设立时股东(发起人)的首次出资比例和缴足出资的期限。公司实收资本不再作为工商登记事项。

b. 个体工商户

注册个体工商户,对注册资本实行申报制,没有最低限额。

c. 个人独资企业

注册个人独资企业,对注册资本实行申报制,没有最低限额。

d. 合伙企业

注册合伙企业,对注册资本实行申报制,没有最低限额。合伙人可以用货币、实物、土地使用权、知识产权或者其他财产权利出资,上述出资应当是合伙人的合法财产及财产权利。

e. 一元制公司

注册一元制公司,注册资本可以低至 1 元。

② 注册步骤

a. 注册个体工商户、个人独资企业和设立合伙企业的步骤

- 到市工商局(或当地区、县工商局)企业登记窗口咨询,领取注册登记相关表格、资料;
- 办理名称预先核准、取得"名称预先核准通知书";
- 以核准的名称到银行开设临时账户,股东将入股资金划入临时账户;
- 到有资格的会计师事务所办理验资证明;
- 将备齐的注册登记资料交工商局登记窗口受理、初审;
- 按约定的时间到工商局领取营业执照,缴纳注册登记费;
- 在相关报纸上发布公告。

b. 注册有限公司的程序

注册有限公司的流程如图 9-1 所示,具体步骤如下。

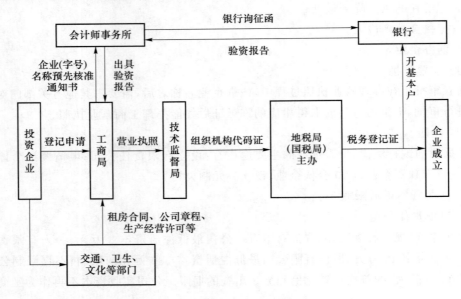

图 9-1 注册有限公司的流程图

- 核名:到工商部门领取"企业(字号)名称预先核准申请表",填写准备采用的公司名称,可填三个备用名,由工商局上网(工商局内部网)检索是否有重名,如果没有重名,就可以使用这个名称,第二天核发一张"企业(字号)名称预先核准通知书"。
- 租房:要有房产证或居住证。租房后要签订租房合同,并让房东提供房产证的复印件。
- 编写"公司章程"。
- 刻法人章。

- 到会计师事务所领取"银行询证函",联系一家会计师事务所,领取一张"银行询证函"(必须是原件,并盖有会计师事务所公章)。
- 去银行开立公司验资户。
- 注册公司:携带会计师事务所出具的验资报告、公司办公所在地的房产证复印件、房屋租赁合同、股东会决议、公司章程、股东和法人身份证复印件、公司设立登记提交材料表、企业(字号)名称预先核准申请书以及不扰民保证书等相关的证件和表格到工商局办理公司注册登记手续。
- 办理企业组织机构代码证和税务登记。
- 申请领购发票。
- 去银行开基本户。

9.2.3 创业风险

市场经济条件下,创业总是有风险的,不敢承担风险,就难以求得发展。如何对风险实施有效管理,在获得高收益的同时把风险降到最低限度,对创业企业来说至关重要。因此,正确地认识创业风险,合理地管理创业风险是每一个创业者的必修课程。

1. 创业风险的防范

每个企业都是在风险中经营的,风险造成的经济损失可能是非常巨大的。但相对而言,风险对小企业来说远远超过大企业。小企业虽然"船小好掉头",但它由于"本小根基浅",故只能"顺水",不能"逆水",不能左右风险的发生。从实际情况看来,小企业消化吸收亏损的能力十分有限。因此,小企业更应了解在经营中可能遇到的风险,以求未雨绸缪,防患于未然。

(1) 外部环境风险的防范

企业外部环境风险的客观性迫使创业者必须在企业内部建立一套应对环境风险的预警管理系统,来监测与评估外部环境对企业的影响,明确企业面临或可能面临的不利环境因素,这样就可以建立防范企业外部环境风险的有效机制,使企业处于一个安全的环境之中。企业外部环境预警管理系统由预警分析与预控对策两大任务体系构成。

① 预警分析。预警分析是对企业外部环境风险的识别、分析与评估,并由此做出提示的管理活动。它包括三个阶段:监测,识别,诊断。

② 预控对策。预控对策即根据预警分析的活动结果,及时矫正与控制企业内部的管理活动,采取有效的管理措施来应对外部环境的变化。预控对策的目标是实现对各种不利外部环境变化的早期预防与控制,它包括组织准备、日常监控、危机管理三个阶段。

(2) 筹资风险的防范

筹资风险也是创业企业面临的主要风险之一。在金融市场变动加剧的环境下,筹资风险及其管理越来越被人们所重视,而如何度量筹资风险的问题也成为研究的焦点。一般的度量指标有财务杠杆系数法和负债经营效应系数法。

① 财务杠杆系数法。企业财务杠杆也称融资杠杆,是指企业筹资中债务资本的杠杆作用。其杠杆作用形成的原因是:在长期资金总额不变的条件下,企业从营业利润中支付

的债务成本是固定的。在企业资本结构一定、债务利息不变的条件下,随着息税前利润的增长,企业税后利润将以更快的速度增加,从而给企业所有者带来更大的财务杠杆利益。同理,由于负债融资的作用,当息税前利润下降时,税后利润下降得更快,从而可能引起企业财务风险。

② 负债经营效应系数法。负债经营效应系数是指创业者创办企业的股权资本利润率与其经营效率之比。若生产经营状况良好,获利能力强,现金流入的前景看好,则筹资风险较小;反之,则筹资风险较大。

以上两种方法的优点是简单易行,但是只能判断筹资风险的存在,还不能具体衡量出筹资风险的大小。如果衡量筹资风险的大小,则需要使用更便于定量分析、评价的有效方法。

(3) 经营管理风险的防范

在创业过程中,创业者自身的经营管理水平有限,可能在经营管理方面出现较多的问题。为了更好地防范风险,应努力从以下几个方面改进。

① 市场风险的防范。市场风险是导致创业企业失败的最主要因素之一。对于创业者创办的企业来说,由于市场本身的不确定性,因而开拓产品市场是一项挑战性的事业。因此,对于市场风险的防范显得十分重要。具体应该从以下三个方面入手:加强营销队伍建设,缩短市场接受时间;强化市场战略,培养企业竞争力;以市场为导向,完成"产、销"预算。

② 技术风险的防范。技术风险的防范就是指决策者对技术风险进行识别、预测,并采取有效措施进行回避、转移、削减的行为。对技术研究开发的风险进行防范,是提高创业成功率,减少风险损失的重要方法。技术风险的防范主要从以下三个方面进行。

- 风险回避,即企业避开高风险的开发项目或避开高技术开发中的某些高风险因素。这里的"回避"可分为主动回避和被动回避。
- 风险转移,即企业把高技术开发的风险进行分解和分散,让更多的主体来承担风险,从而使本企业所承担的风险相对减少。
- 风险削减,即企业在技术开发过程中,对所遇到的既不可回避、又不可控制的风险因素,应尽量设法减少风险带来的损失。

③ 财务风险的防范。创业者应该建立一套比较有效的财务预警机制,借以分析导致企业失败的管理失误和波动,运用财务安全指标来预测企业财务危机,并不断调整自身达到摆脱财务困境的目的。其中常用的财务分析方法主要有以下三种。

- "资金周转表"分析法。在全面预算下,通常以三个月为一次,也可以周、季、半年及一年为期,建立滚动式现金流量预算。
- 杜邦财务分析法。利用若干相互关联的指标对营运能力、偿债能力及盈利能力等进行综合性的分析和评价。这种方法从评价企业绩效最具综合性和代表性的指标——权益净利率出发,层层分解至企业最基本生产要素的使用,成本与费用的构成和企业风险,从而满足经营者通过财务分析进行绩效评价的需要,在经营目标发生异动时能及时查明原因并加以修正。

- "本-量-利"分析法。"本-量-利"分析法是将成本划分为固定成本和变动成本,并假定产销量一致的情况下,根据成本、销量、利润三者之间的关系进行预测和决策的一种技术方法。其原理在决策、计划和控制中被普遍采用,对加强企业内部管理具有独特的作用。

④ 管理风险的防范。现阶段,创业企业自身还存在较多的问题,为了更好地降低企业成长过程中的内部管理风险,提高成功率,更有必要形成健全的管理制度。管理风险的防范可以归结为以下三个方面:建立创新激励机制;建立人才储备机制;构建法人治理结构。

2. 创业风险的规避技巧

与其总想着预防风险,还不如从积极方面入手,规避风险,尽可能提高制胜概率。规避创业风险可以从以下几个方面入手。

① 以变制胜。所谓"适者生存",强调的是"变",创业者要适应外部环境的变化,及时做出调整。

② 出其不意,攻其不备。核心是一个"奇"字,用出奇的产品、出奇的经营理念、出奇的经营方式和服务方式去战胜竞争对手。

③ 以快制胜。机不可失,时不再来,比对手快一分就能多一分机会。对什么都慢慢来、四平八稳、左顾右盼的人必然被市场淘汰,胜者属于那些争分夺秒、当机立断者。

④ 后发制人。从制胜策略看,后发制人比先发制人更好,可以更多地吸收别人的经验,时机抓得更准,制胜把握更大。

⑤ 集中优势,重点突破。这一策略特别适用于小企业,因为小企业人力、物力、财力比较弱,如果不把有限的力量集中起来,很难取胜。

⑥ 趋利避害,扬长避短。经营什么产品,选择什么样的市场,都要仔细考虑,发挥自己的优势。干应该干的,干可以干的,有所为,有所不为。

⑦ 迂回取胜。小企业与人竞争不能搞正面战,搞阵地战,而应当搞迂回战,干别人不敢干的,干别人不愿干的。

⑧ 积少成多,积微制胜。"积少成多"是一种谋略,一个有作为的经营者要用"滴水穿石""聚石成山"的精神去争取每一个胜利,轻微利、追暴利的经营者未必能成功。

⑨ 以廉制胜。"薄利多销"是不少经营者善于采用的一种经营策略。"薄利多销"的前提是,在降低价格的情况下,能够多销;如果不能多销,则是不可取的。

9.3 大学生创新创业实践

9.3.1 大学生创新创业训练计划简介

根据《教育部 财政部关于"十二五"期间实施"高等学校本科教学质量与教学改革工程"的意见》(教高〔2011〕6号)和《教育部关于批准实施"十二五"期间"高等学校本科教学质量与教学改革工程"2012年建设项目的通知》(教高函〔2012〕2号),教育部决定在"十二五"期间实施国家级大学生创新创业训练计划。

国家级大学生创新创业训练计划内容包括创新训练项目、创业训练项目和创业实践项目三类。

创新训练项目即本科生个人或团队，在导师指导下，自主完成创新性研究项目设计、研究条件准备和项目实施、研究报告撰写、成果（学术）交流等工作。

创业训练项目即本科生团队，在企业导师和在校导师共同指导下，团队中每个学生在项目实施过程中扮演一个或多个具体的角色，通过编制商业计划书、开展可行性研究、模拟企业运行、参加企业实践、撰写创业报告等工作。

创业实践项目即学生团队，在学校导师和企业导师共同指导下，采用前期创新训练项目（或创新性实验）的成果，提出一项具有市场前景的创新性产品或者服务，策划出一个具有前景的产品或公司，并以此开展真正的创业活动，真正实现产品和实体公司在大学生手中创造与创办。

9.3.2 项目选题

按照"兴趣驱动、自主实践、重在过程"的原则，鼓励学生开展团队合作项目。各学校（部）需要加强管理，积极组织计划项目和学生团队，在此基础上申报省级、国家级大学生创新创业训练计划项目。研究项目包括以下几个方面：

① 结合学校有关重大研究项目或与行业结合紧密的项目；
② 开放实验室或创新教育基地中的综合性、设计性、创新创业训练项目；
③ 学生自主寻找的相关项目；
④ 从课程学习和学科竞赛中引申出的研究项目；
⑤ 社会调查及其他有研究和实践价值的项目。

9.3.3 评审程序

在明确项目选题的情况下，学生申请流程如下，流程图如图 9-2 所示。

（1）申请人须填写《大学生创新创业训练计划项目申请书》（一式两份）交所在学院；

（2）学院"创新实验计划"专家组对学生申请项目进行答辩和初评，提出评审意见和改进建议；

（3）学院将初评通过的《大学生创新创业训练计划项目申请书》（一式两份）签署意见后报学校项目管理办公室；

（4）学校"创新实验计划"专家组对项目进行复评，确定入围名单；

（5）学校"创新实验计划"领导小组对项目进行审批，确定资助项目；

（6）公示评审结果；

（7）管理办公室汇总学校专家组和领导小组的评审意见，确定国家大学生创新创业训练计划项目，报教育部备案；

（8）签订项目合同书，划拨经费。

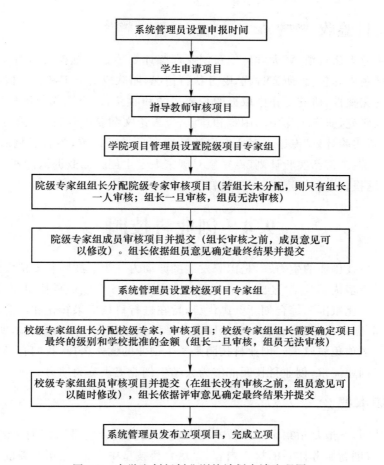

图 9-2　大学生创新创业训练计划申请流程图

9.3.4　项目运行

项目管理办公室负责审核经费。项目合同书签订后,下拨 50% 的研究经费,学生在导师指导下自主使用研究经费。经费主要用于项目实验、材料、书籍、论文版面、调研差旅等研究所需费用,不得挪作他用。

每个项目都要进行一次中期验收。项目主持人可根据项目进展申请中期验收时间,申请者进行统一验收,由项目管理办公室负责公布统一验收时间。院级"创新实验计划"专家组对项目进行中期验收,签署意见后报学校项目管理办公室。中期验收合格者,继续投入另外 50% 的经费,项目完成特别优秀者可追加经费投入;中期验收不合格者,终止经费投入。不能按期完成项目者,可申请延期,延期时间不能超过项目主持人的毕业年限,否则取消项目主持人资格。

在研究工作中,有变更研究内容、变动参加人员、提前或推迟结题的,项目主持人应提出书面报告,并报学校管理办公室批准。

9.3.5 项目验收

由项目主持人认真填写《大学生创新创业训练计划项目结题报告》，对项目研究情况进行总结。结题内容包括：研究过程，财务执行情况，团队成员分工和合作情况，研究报告和研究日记的完整性，研究工作中取得的主要成绩和收获，研究工作有哪些不足，有哪些问题尚需深入研究，研究工作中的困难和建议，发表论文和获得专利情况等。

院级"创新实验计划"专家组对所有申请结题项目进行评审，签署意见后报学校项目管理办公室。学校"创新实验计划"专家组对国家大学生创新创业训练计划项目进行结题答辩，并对结题报告进行评审，结果报教育部。

9.4 创业科技园

大学生是科技创业的生力军，是国家发展的原动力。为了鼓励和支持大学生创业，国家不仅出台了许多优惠政策，还提供了一系列国家型、大学型创业科技园，利用其人才、科技、实验设备、文化氛围和综合创新资源优势，旨在进行科技成果转化和产业化、科技企业孵化。财政部、国家税务总局发出《关于国家大学科技园税收政策的通知》，明确对国家大学科技园给予多项免税政策。创业科技园是学生创业的优先选择，我们有必要进行了解，如果符合自身创业需求，创业科技园能够为大学生创业提供莫大助力。

9.4.1 基本概念

创业科技园，一般是指集聚高新技术企业的产业园区。它是国家创新体系的重要组成部分，是区域创新服务体系的核心内容，是培育科技型中小企业、培养新的经济增长点、规模性增加就业岗位的重要手段。它的主要功能是：以科技型中小企业为服务对象，为企业提供研究开发、中间试验、生产经营所需的场地和办公方面的共享设施，提供政策、法律、管理、财务、融资、市场推广和培训等方面的服务，以降低企业的创业风险和创业成本，提高企业的成活率和成功率，为社会培养成功的科技企业和企业家。

9.4.2 发展类型

目前，科技园主要有三大类企业。

第一类是以连锁化、民营化、总部独栋为主的商业用地性质的科技园区，代表为恒生科技园、创智天地、联动U谷、联创科技园、博济科技园等。这类科技园机制较为灵活，发展潜力巨大。入园后的企业能够切实得到政策和税收优惠，由于体系内的联合和合作，科技园运营公司一般都会主动举办活动和推广，使得入园的企业可以得到实质性的发展。例如，恒生科技园会加入恒生现代服务业交易中心、科创企业融资平台等，引进风投、天使资金、产学研结合项目等，推动企业突飞猛进地发展。

第二类以大学为主，如清华国家大学科技园、交大科技园、浙大网新科技园、深圳南山科技园等，是高等教育产业化后的产物，以产学研结合为重点突破口，以产业链上下互动为主,但机制较为生硬,项目发展渠道较为单一,企业入驻后,享受的服务和政策与所依存的大学有很大的关系。

第三类以国有投资公司为主,政策较为优厚,土地、物业等也较为便宜,一般而言以政府为投资主体人,建立和配套公共技术服务平台、研究所等,但政府基本上会抓大放小,对外资企业、世界五百强、纳税大户、上市公司等较为看重。这类科技园有常州科教城、深圳科技园等。企业入驻后,政府的支持力度将会减弱,但不排除政府会主动为企业进行高效服务,达到企业上市、转型升级、产业链标准服务等目的。

综上,民营科技园以集约型发展为主,在企业入园前会较为谨慎,入园后会加大公共服务平台建设和政策、资金等扶持力度;政府主导的科技园以粗放为主,对大企业、高税公司和核高基项目较为支持。

9.5 创业孵化器

创业孵化器为新创办的科技型中小企业提供物理空间和基础设施,提供一系列服务支持,降低创业者的创业风险和创业成本,提高创业成功率,促进科技成果转化,帮助和支持科技型中小企业成长与发展,培养成功的企业和企业家。它对推动高新技术产业发展,完善国家和区域创新体系,繁荣经济,发挥着重要的作用,具有重大的社会经济意义。

《国家科技企业孵化器"十三五"发展规划》确定了国家科技企业孵化器"十三五"发展的总体目标,即到 2020 年,围绕大众创新创业需求,完善多类型、多层次的创业孵化服务体系,汇聚国内外资源、融合全球各类孵化要素,以强化导师辅导与资本化服务促进高水平创业,以打造一支职业化孵化队伍,提升服务能力、质量和效率,以孵化未来、成就梦想的孵化文化引领更加浓厚的创新创业氛围,激发创业企业和高成长企业的大量涌现,催生新技术、新服务、新产品、新产业快速发展,成为大众创新创业的主阵地、创新模式的试验田、创业文化的引领者、新经济的动力源。

9.5.1 基本概念

创业孵化器(incubator)是指为创业之初的公司提供办公场地、设备甚至是咨询意见和资金的企业。

在国外,商业孵化器已经有比较长的历史,孵化模式成熟,获得了众多创业者的垂青。大名鼎鼎的 YC(Y Combinator)孵化器平均每分钟就会收到一封创业者加入孵化器的申请。加入知名孵化器比进美国顶级商学院还要困难很多倍。不过,加入孵化器所获得的利益会让创业者觉得这是值得的。

著名的 Dropbox、Airbnb、Heroku 等公司便是孵化器的杰作。YC 孵化出的企业的总价值已经超过 80 亿美元,平均每家公司的价值超过 4 500 万美元。可以说孵化器在帮助创业公司获得融资方面发挥着越来越重要的作用。孵化器更像是一所新的学校。在那里,创业者可以获得创业导师、投资人、各领域专家的亲自指导,降低创业的风险。在很多创始人眼中,商业孵化器已经取代了 MBA,成为获取商业资源的首选。

如今，孵化器在中国并不是新鲜事物：1987年中国诞生了第一家孵化器——武汉东湖新技术创业中心，1999年中国诞生了第一家民营孵化器——南京民营创业中心。从全国范围来看，北京拥有中国最好的早期创业氛围和最多的投资人，以及最先进的投、管、孵理念。

但即便经历了如此漫长的发展，中国式孵化器相比于美国、以色列等国家的孵化器，尚处于起步阶段。

9.5.2 创业孵化器运营模式

在国家战略背景之下，创新型创业孵化器如雨后春笋般崛起。为了便于广大从业人员了解此行业发展的现状及趋势，纵观国内外，编者整理出创业孵化器的六大运营模式。

（1）企业平台型

企业平台型孵化器基于企业现有先进技术资源，通过技术扶持，衬以企业庞大的产业资源，为创业者提供高效便捷的创新创业服务。主导者通常为大型科技企业，"大企业资源支持＋内/外部孵化"是其培植创新项目的方式之一，企业为创业者提供的是"开放技术平台＋产业资源"，孵化的运作模式与大多数"风险投资"不同，需要"导师"和"训练"，优劣兼具。此类孵化器一般拥有高水平的管理团队、较强的专业顾问辅导能力，既能为重大关键技术转化提供种子资金，又能帮助创业项目提升抗风险能力，为其配置更多社会优质资源。依赖孵化器主导企业强大的资金和平台支持，形成具备创业项目天然"培养皿"的必要条件。

在科技高速迭代更新的时代，大企业很难有创新的机遇，希望以来自员工的、自发的一种创新，来带动整个公司大的创新，同时创新点可以给大公司带来各方面的突破和新的思维。大企业因为很多模式已经成为制度和文件，难有原生态的创新。通过成立开放技术平台，孵化器不仅吸引了外部高端人才加入企业，同时也打破了阶层体制，使内部员工有了发挥创意的平台。未来，各类巨头企业将会深入各大城市成立创业基地，优质项目必然会随之出现，创业者间形成巨头企业派系，各大企业将持续出现并购浪潮。

（2）"天使＋孵化"型

"天使＋孵化"型孵化器主要效仿美国等发达国家孵化器的成功模式。该类孵化器通常由民间资本或教育类机构，如各大创投机构或高校主导，引进成功创业者——具有丰富行业或创业经验的人士作为导师，为创业者传授运营管理、产品设计、发展策略等经验，意在预估创业障碍、降低创业风险、提升投资成功率，帮助创业者和投资人实现双赢。

这种"导师＋基金＋场地"模式，是当下创新型孵化器的主流模式。该类孵化器对项目甄选条件比较严苛，一旦入选，孵化器会为企业配备投资人导师，或定期邀请成功创业者或企业高管举行创业培训，传授企业运营意识，降低创业风险。导师可能是企业的潜在投资人或未来的收购者。提供天使投资基金是该类孵化器的另一大亮点。此类孵化器在前期不追求任何盈利，在入孵时孵化器提供天使投资基金，企业毕业后，孵化器会伺机退出，通过股权溢价实现盈利。极个别相当优质的项目会出现孵化器一直伴随至IPO的情况。

（3）办公空间型

办公空间型孵化器的孵化模式,在孵化器1.0的基础上进行了全面的包装和完善,更注重服务质量和品牌效应,致力于打造创业生态圈。该类孵化器主要为创业者提供基础的办公空间,并以工位计算收取低廉的租金,同时提供共享办公设备及空间。孵化器会定期邀请创业导师来举办沙龙或讲座为创业者答疑解惑。该类孵化器虽不提供创业投资基金,但与各个创投机构保持密切联系,甚至可邀请创投机构长期驻场,以便节省创业者的时间,提高融资效率。为了打造独具特色的孵化器品牌,该类孵化器正在打造创业生态圈,为创业者营造积极交流的氛围。

相对于其他几类孵化器,办公空间类孵化器创立门槛较低,无须先进的科技或产业基地,无须配备创业基金,因此吸引了多元化背景人才参与。

（4）媒体依托型

媒体依托型创新孵化器是指依托自身庞大的媒介平台,以为创业者提供多维度宣传为亮点,同时凭借对创业环境以及科技型创业的长期跟踪报道而积累的经验对创业者提供扶持帮助的孵化器。通过成熟的媒体平台为创业项目在极短的时间内造势,吸引眼球,扩大用户群。同时对接各路投资人,形成线上至线下的一种约谈及投资的模式。例如,举办创业大赛,使其通过与其他创业项目之间的对比凸显优势,并且与到场的投资人、评委等产生联系,形成潜在的投资机会。在各类媒介持续发布追踪报道或专题报道也能为创业者快速造势,为项目营造正面形象,达到扩大知名度、吸引用户的效果。

（5）新型地产型

新型地产型孵化器诞生时间不长,模式较单一,以提供共享办公设备及出租办公空间为盈利模式。主导机构一般为大型地产商。在创业产业链中,房产服务处于最底层、最基础的位置。从地产商的角度出发,当下产业地产过剩已然是业内人士的一大压力,房地产开发企业不得不转型探索新模式,但地产商背景孵化器的专业性仍处于摸索阶段。

该类型孵化器新兴不久,目前体现出的创业服务与其他几类相差甚远。

（6）垂直产业型

垂直产业型孵化器指针对某一产业进行定向孵化,提供现有先进产业技术,同时提供孵化基金帮助特定领域创业者将技术落地,实现产业化发展的孵化器。该类孵化器一般由政府或产业协会主导,招揽特定行业创业者,依托庞大的人脉以及行业资源提供除资金和技术以外的增值服务。这类孵化器能够扎实地把具有地方性特色或带有政府倾向性的产业扎实地发展起来,营造出品牌性的产业氛围。

9.5.3 创业孵化器孵化标准和流程

1. 入孵企业审核标准

① 企业具有独立承担民事责任的法人资格,产权清晰、自主经营、自负盈亏、运行机制较好;对没有企业机构的自然人,需要具有开发优势并已形成自我发展能力或具有开发实力的科学技术,需要具有法人资格。

② 从事高新技术产品的开发和生产、拥有高新技术领域的成果以及技术水平高、产

品市场潜力大、经济效益好的企业优先入驻。

③ 企业法定代表人要有市场开拓和创新的能力,要有丰富的经营管理经验。

④ 企业需要拥有一定数量的专职研发人员。

⑤ 企业或个人需要有明确的企业章程,严格的技术、财务管理制度。

⑥ 开发研究的项目要求工艺先进,符合当地产业规划、耗能低、无环境污染,或经处理后能达到国家规定的排放标准。

⑦ 诚实守信,合法经营,依法纳税,具有典型示范作用。

⑧ 参加创业培训并获得"创业培训合格证书",提供"创业策划书""项目可行性证"等有效材料。

2. 企业入孵孵化流程

① 咨询了解孵化中心机构,确定个人或企业法人代表是否符合入孵企业审核标准。

② 个人或企业法人代表,在孵化中心机构填写信息,信息核准后,说明孵化目标和要求。

③ 提交申请入驻材料。非企业申请人需要提供的材料主要包括:创业项目申报表、创业计划书、项目相关管理制度、项目章程、项目负责人简历及身份证明复印件。企业申请人除需提供上述材料外还需提供:营业执照复印件、新技术企业资格证书复印件(如有,应提供)、公司章程、财务报表(资产负债表、损益表、现金流量表)等。

④ 经过创业项目评审专家小组综合平衡后审批。

⑤ 通过审批的项目签署《孵化基地入驻协议书》。

⑥ 办理入驻手续,如租房协议、安全责任协议、公共物业管理协议,办公家具办理等。

⑦ 入驻孵化器后,根据孵化器类型,可能有不同种类的专业培训,还会有一般性的指导和服务,如开业指导、公共财物管理、人力资源管理、科技咨询与中介、培训、创业项目申报、规章制度建立、财税政策落实、投融资服务等。孵化器还会与其他创业公司进行联系,并将其介绍给投资者。

⑧ 孵化过程中,孵化器会对创业企业财务管理进行定期、不定期考察,调研项目进展、市场、资金与遇到困难问题,帮助解决或提出建议并进行阶段考核评估。

⑨ 待孵化期结束,对孵化企业进行考核,具体标准按照各个孵化器指定标准执行,孵化成功的,脱离孵化器毕业独立运营,孵化失败的,延长孵化期或者取消孵化资格。

具体流程如图9-3所示。

9.6 创新创业案例模板

本书选取北京信息科技大学大学生创业基地的一个成功案例,附上其创业计划书,仅供参考。

此创业计划书主要包括以下八个小节:摘要、项目与产品、市场分析、营销战略及营销、财务分析、管理体系、风险预测与防范、撤出机制,详见附录。

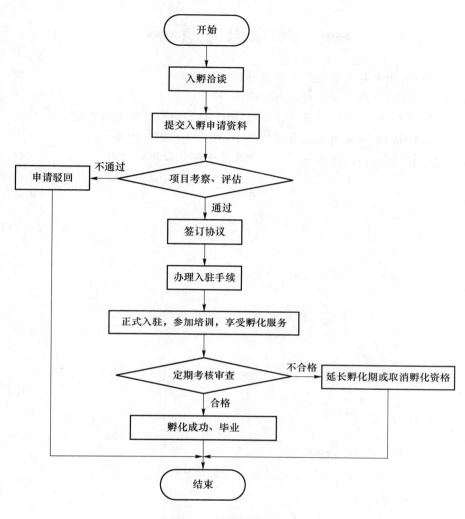

图 9-3 孵化器孵化流程

本 章 小 结

本章主要从大学生创新创业的概述、创业的相关知识、大学生创新创业实践、创业科技园、创业孵化器和创新创业案例模板六个方面进行介绍,每一个方面又分别从不同的角度来具体阐述。

本章首先介绍了国家当前的创业形势和大学生创业的自身优劣势。其次就创业的相关知识而言,本章从创业准备、创业风险两个方面详细描述了创业需要具备的相关能力以及注意事项。接着,本章介绍了大学生创新创业的整个流程,为大学生日后的创新创业做准备。最后,本章详细介绍了创业科技园和创业孵化器。

本章思考题

1. 如何理解国家对大学生的创业支持?
2. 创业风险的管理主要从哪几个方面入手?
3. 大学生创业除了要有必备的专业技能知识,还要有什么必备的能力?
4. 简要阐述创业科技园主要有哪些类型,有什么相似点和不同点。
5. 根据创业孵化器孵化流程制订一个简要的孵化器申请计划。

参考文献

[1] 杨敏.创新与创业指导[M].杭州:浙江大学出版社,2011.
[2] 中国经济网:加强知识产权保护力度[EB/OL].(2016-03-12)[2017-06-24].http://www.ce.cn/xwzx/gnsz/gdxw/201603/12/t20160312_9453327.shtml.
[3] 邵维正.中国共产党90年创新实录[M].北京:解放军出版社,2011.
[4] 陈平.毛泽东管理思想对高校图书馆期刊阅览室工作的启示[J].科技情报开发与经济,2012,22(15):1-3,22.
[5] 吴梅燕.江泽民的科学环境观[J].长沙铁道学院学报(社会科学版),2010(3):3.
[6] 胡洪羽.高师院校学科教学论的学科定位及课程改革的思考——以"化学教学论"为例[J].教书育人(高教论坛),2017(9):80-81.
[7] 头条科技:中国的科学家工程师数量比美国多1 000万人[EB/OL].(2016-03-22)[2017-06-26].http://mini.eastday.com/a/160322061634690-2.html.
[8] 郭伟,张力玮,左玉珍.以产教融合书写"一带一路"教育合作新篇章——访教育部学校规划建设发展中心主任陈锋[J].世界教育信息,2017(6):8-11.
[9] 曾国平.浅谈思想品德课教学活动的生活化[J].课程教育研究,2012(4):25.
[10] 李素芳."互联网+"背景下大学生科技创新教育研究[J].学校党建与思想教育,2017(2):60-62.
[11] 陈建翔.新家庭教育论纲:从问题反思到概念迁变[J].教育理论与实践,2017(4):3-9.
[12] 李秀菊,陈玲,张会亮.我国青少年创造性想象的发展状况研究[J].上海教育科研,2012(4):32.
[13] 王兵.中国传统家庭教育的解体及其对现代教育的挑战[D].长沙:湖南师范大学,2016.
[14] 梁家广.向3M学创新[M].北京:中华工商联合出版社,2017.
[15] 段倩倩,侯光明.国内外创新方法研究综述[J].科技进步与对策,2012(13):158-160.
[16] 林雪治.应用型高校创新创业教育课程体系构建研究——国外高校成功经验的借鉴与启示[J].河北农业大学学报(农林教育版),2015(5):52-54.
[17] 永井孝尚.一杯咖啡的商业启示:在红海市场获利与创新的秘密[M].吴佳玲,译.北京:北京时代华文书局出版社,2016.
[18] 赵良海.一种实用创新法——ZK法[J].价值工程,1989(3):34.
[19] 王永升.基于公理设计的精益制造系统的仿真设计研究[D].天津:天津大

学,2010.
[20] 生奇志. 创意学[M]. 北京:清华大学出版社,2016.
[21] 武贵龙. 勇于创新,积极构建大学生思想引领工作新体系——基于北京科技大学的实践探索[J]. 思想教育研究,2017(3):10-14.
[22] 陈孟伟. 浅析创造性思维训练在动画设计基础教学中的应用[J]. 美育学刊,2016(3):115-120.
[23] 杨婧. 高校创新创业教育路径探析[J]. 天中学刊,2017(4):144-147.
[24] 简书:5W1H (5W2H、6W2H) 分析法[EB/OL]. [2017-06-25]. https://www.jianshu.com/p/a7b9119c01a5.
[25] Nixon N W. 战略设计思维[M]. 北京:机械工业出版社,2017.
[26] 霍峰. 中长跑运动技术创新与训练方法分析[J]. 体育世界(学术版),2017(5):75-80.
[27] 刘聪,刘国新. 分布式创新网络核心企业间知识转移策略的演化博弈研究[J]. 武汉理工大学学报(社会科学版),2017(2):46-53.
[28] 岁秀会. 我国大学生创新能力提升的路径及保障体系研究[D]. 开封:河南大学,2011.
[29] 白福臣. 我国大学生创新能力的现状、原因及对策——以德国大学生培养经验为借鉴[J]. 高等教育研究(成都),2013(3):1-3.
[30] 石倩. 硕士大学生创新能力培养研究[D]. 济南:山东师范大学,2009.
[31] 李峻,陈鹤鸣. 美、德、日三国大学生创新能力培养方式比较与启示[J]. 大学生教育研究,2013(1):85-90.
[32] 刘霞,查云飞. 探讨知识产权教育背景下大学生创新能力的培养[J]. 法制与经济,2017(4):20-22.
[33] 孟波. 大学生创新创业教育难点与对策研究[J]. 教育观察,2017(7):67-68.
[34] 王文利,林巍. 创新能力的培养——21世纪日本大学生教育改革与发展的主题[J]. 日本问题研究,2008(2):29-32.
[35] 姜嘉乐. 提升我国高等工程教育质量的若干战略思考——华南理工大学王迎军校长访谈录[J]. 高等工程教育研究,2013(1):7-13,45.
[36] 刘连卫. 浅析大庆精神在高校人才培养中的作用[J]. 哈尔滨师范大学社会科学学报,2013(3):176-178.
[37] West M A, Hirst G, Richter A, et al. Twelve steps to heaven: successfully managing change through developing innovative teams[J]. European Journal of Work & Organizational Psychology,2004,13(2):269-299.
[38] 杜朝辉,张国栋. 上海交通大学研究生培养机制改革的实践与思考[J]. 学位与研究生教育,2012(10):10-14.
[39] Fetzer J. Roles and responsibilities of graduate students and post-docs.[J]. Analytical and Bioanalytical Chemistry,2008,392(7):1251-1252.

[40] 郁秋亚. 高校人才培养回归大学教育本位的路径[J]. 教育理论与实践,2017(3): 10-12.

[41] Lu F. Open laboratory and technological innovation ability's culture of college students[J]. Energy Procedia,2011,13:5524-5528.

[42] Vegt G S V D,Janssen O. Joint impact of interdependence and group diversity on innovation [J]. Journal of Management,2003,29(5):729-751.

[43] 杨旭. 竞赛对大学生发展的影响分析[D]. 南昌:江西财经大学,2015.

[44] 黄鑫. 研究生奖助体系的构建研究[D]. 扬州:扬州大学,2015.

[45] 托尼·达维拉. 创新路图:如何管理、衡量创新并从中获利[M]. 北京:电子工业出版社,2017.

[46] 陈盈. 基于创业市场发展的大学生创业理想培养探究[J]. 中国市场,2017(8): 112-115.

[47] 雷永锋,孙莉莉,王振玉,等. 高校大学生创新人才培养激励机制研究[J]. 大众科技,2017(2):85-87.

[48] 最高人民法院中国特色社会主义法治理论研究中心. 全国法院系统干部学习教材:江泽民法治思想研究[M]. 北京:人民法院出版社,2016.

[49] 陈静. 当代大学生创新意识与创新能力的调查与研究——以江西省三所高校为例[J]. 科技创新导报,2012(25):20-23.

[50] 马强,王军. 我国P2P网络借贷行业的现状、困境和未来[J]. 财经科学,2016(8): 14-24.

[51] 陈莹. 互联网金融对我国商业银行存款的影响研究[D]. 成都:西南财经大学,2016.

[52] 丁飞. 当代中国大学生创新意识培养问题研究[D]. 长春:东北师范大学,2014.

[53] 邹巧灵,李芬. 当代大学生创新意识培养的思考[J]. 怀化学院学报,2009(1): 13-15.

[54] 张洪芹. 大学生创新意识的培养机制[J]. 山东省青年管理干部学院学报,2007(4):8-10.

[55] 沈琴. 当代大学生创新意识培养研究[D]. 兰州:西北民族大学,2014.

[56] 颜婧宇. Uber(优步)以跨界营销打响品牌知名度的实践思考[J]. 中国商贸,2015(16):8-13.

[57] 侯长海. 2016年中国共享单车市场分析报告[J]. 互联网天地,2017(2):35-37.

[58] 李彦宏. 百度迎接新时代——内容分发、连接服务、金融创新、人工智能[J]. 中国经济周刊,2017(6):48-51.

[59] 艾思特. 创业过程和创业要素视角下的阿里巴巴创业模式分析[D]. 成都:西南财经大学,2014.

[60] 姜彩芬. 谈QQ的成功与网络信息产品的经营[J]. 技术经济,2005(12):78-81.

[61] 专利申请的含义及申请专利的好处[EB/OL]. (2013-05-05)[2017-11-02]. http://www.jcpat.com/a/products/jczs/show_27.html.

[62] 专利技术交底书应该怎么写?[EB/OL]. [2017-02-17]. http://www.cnipr.com/yysw/zscqsqzc/201702/t20170217_201147.html.

[63] 韦凤年.怎样写科技论文[J].河南水利,2006,9:37-39.
[64] 大学生科技创新培养[EB/OL].(2013-08-10)[2017-04-20].http://www.gwyoo.com/lunwen/jylw/gdjylw/201003/355223.html.
[65] 康海燕.我国高等教育的发展趋势及对策研究[J].北京市高等教育学会2007年学术年会论文集,2008,1:881-883.
[66] 康海燕,崔巍.基于应用型人才培养的本科毕业设计的有效实施模式研究[J].计算机教育,2009,8:9-12.
[67] 崔彬,谢伟.大学生科技创新的探索与实践[J].继续教育研究,2009(2):56-57.
[68] 郭加书,王鑫,罗征宇.大学生科技创新的探索与实践[J].中国高校科技,2011(z1):78-79.
[69] 肖艳玲,王甲山,徐福缘,等.高校教师毕业设计教学质量的模糊综合评价[J].大庆石油学院学报,2003,27(1):78-81.
[70] 郑绍春.浅谈如何发挥指导老师在"大学生科技创新团队"中的作用[J].航海工程,2008(4):172-174.
[71] 章熙春,马卫华,蒋兴华.高校科技创新能力评价体系构建及其分析[J].科技管理研究,2010,30(13):79-83.
[72] 黄亚妮.德国高等工程教育模式改革的特点及其启示[J].教育与经济,2006(2):61-64.
[73] 任俊玲,康海燕,马志峰.建构主义理论在信息隐藏课程教学中的运用[J].信息安全与技术,2011(4):82-83,86.
[74] 康海燕,蒋文保.信息安全专业创新人才培养模式探讨[J].清华大学教育研究,2012,33(1):28-32.
[75] 康海燕,张仰森.基于网络隐私保护的动态密码研究[J].北京信息科技大学学报,2015,30(2):26-31.
[76] Lamport L. Password authentication with insecure communication[J]. Communications of the ACM,1981,24(11):770-772.
[77] 叶依如,叶晰,岑琴.基于挑战应答模式的动态口令系统的实现与发布[J].计算机应用与软件,2010,27(7):290-293.
[78] 陈剑,李贺武,张晓岩,等.IEEE 802.11n中速率、模式及信道的联合自适应算法[J].软件学报,2015,26(1):98-108.
[79] 孙全富.无线局域网数据加密和接入认证机制安全性研究[D].新疆:新疆大学,2013.
[80] 周勇林.Wi-Fi网络安全问题与防护建议[J].通信管理与技术,2016,3:19-20.
[81] 任勇金.浅谈Wi-Fi技术及其发展前景[J].信息通信,2012,5:87.
[82] 高建华,鲁恩铭.无线局域网中Wi-Fi安全技术研究[J].计算机安全,2013(4):37-39.
[83] 陶跃,田迎华.多级可拓评价方法在网络安全评价中的应用[J].吉林大学学报(信息科学版),2013,31(1):95-100.

[84] 黄亮,冯登国,连一峰,等. 一种基于多属性决策的 DDoS 防护措施遴选方法[J]. 软件学报,2015,7:1742-1756.

[85] Android. net. wifi 包 ScanResult 类中 Wi-Fi 无线热点信息[EB/OL]. (2015-03-15)[2017-02-03]. http://developer.android.com.

[86] 康海燕,闫涵,孙璇,等. 基于 BP 神经网络的 Wi-Fi 安全评价模型的研究[J]. 通信学报,2016,37(Z1):50-56.

[87] 刘怡. 运用奥斯本核验表法拓展高中生物学教材实验[J]. 中学生物学,2018,34(11):36-38.

附录　大学生创业项目计划书

第一节　摘　　要

一、公司简介

公司名称：北京××信息安全公司（拟注册）
公司性质：有限责任公司
公司选址：清河龙岗路 27 号北京信息科技大学大学生创新创业基地
核心技术：互联网安全形势下的信息安全保护技术
主打产品：面向安卓终端的渗透与主动防御平台（Bistu 安全卫士）
公司规模：公司暂无固定投资，团队共 5 名技术人员

二、创业背景

1. "互联网＋"形势下的信息安全危机

"互联网＋"概念一经提出，迅速产生连锁反应，在社会上下、各行各业掀起了创新的浪潮。随着"互联网＋"的推进，信息化、数据化、移动化、远程化成为常态，更多人开始参与网络活动，安全问题随之产生。

"互联网＋"环境下信息安全面临挑战。"互联网＋"时代，每个人都是数据的贡献者，在个人贡献信息的同时，安全问题也变得更加严峻。随着科学技术日新月异的发展，互联网已经走入寻常百姓家，电子商务、网上支付一度成为时尚。只是网络也是把双刃剑，人们在享受高科技带来的便利同时也饱受信息泄露之苦。近 2 000 万条酒店客户入住信息在网络上传播下载，1 400 万条个人信息被层层转卖，个人信息安全问题不断，令当事人在经济、精神和名誉等方面遭受巨大损失。寻求"互联网＋"的安全之道成为新的课题。

2. 智能手机安全危机

据调查，每个中国人平均每天摸手机 150 次，除去睡觉的 8 小时，差不多 6 分钟就要看一次手机，智能手机使用频率非常之高。随着国外某著名品牌手机频频爆出安全漏洞，人们对手机信息安全的担忧越来越多。

手机软件安装看似免费，却有可能悄悄地将用户个人信息卖给第三方。有不少人在手机上安装了免费软件，在使用时，软件后台会把手机位置、使用者具体信息、联系人甚至短信内容偷偷发送给市场研究公司或广告公司。据调查，用户所下载的日常生活所需的软件，几乎都可以获取用户的手机通讯录、短信记录、地理位置等信息。

第二节 项目与产品

一、项目介绍

项目组研究了社会工程学原理以及安卓系统存在的漏洞,详细分析了安卓短信机制和安全风险,设计了渗透与主动防御平台(Bistu 安全卫士)。平台主要功能如附图 1 所示。

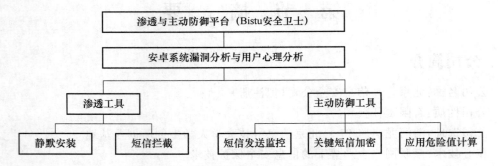

附图 1 渗透与主动防御平台(Bistu 安全卫士)主要功能

① 渗透工具可以模拟渗透攻击,具体功能如下:a. 布置社会工程学陷阱使用户放松警惕;b. 静默安装应用程序;c. 拦截手机所有短信,获得用户隐私信息。

② 主动防御工具能主动防御提权攻击和隐私泄露,具体功能如下:a. 发送短信监控;b. 关键短信加密;c. 实时监控多种攻击(利用"应用危险值计算"方法,实时监控多种攻击)。

③ 分析安卓系统的短信结构、广播机制、应用权限、社会工程学、加密算法等核心技术,以及分析安卓系统的漏洞。

二、产品介绍

1. 渗透与主动防御平台(Bistu 安全卫士)

如今,手机 QQ、微信、微博的使用量剧增,在手机中进行过的所有操作都会被记录,甚至被后台程序读取上传,尤其是手机中的敏感信息,如"验证码""银行卡密码"。这类个人手机隐私数据一旦泄露,后果不堪设想,对于不法分子来说,可利用这些信息对用户进行敲诈勒索,甚至在用户不知情的情况下窃取用户财产。

众所周知,随着信息化时代的推进,手机中残留着越来越多个人隐私的隐蔽数据,隐私泄露事件越来越高发。为了保障用户手机信息安全,选用一款安全产品显得非常必要。

正是因为这样的需求,项目组对智能手机信息安全技术进行攻坚,推出手机主动防御防泄密软件——渗透与主动防御平台(Bistu 安全卫士),保障手机用户的个人隐私安全。渗透与主动防御平台(Bistu 安全卫士)主动防御功能如附图 2 所示。

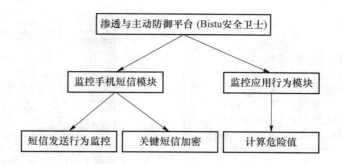

附图2　渗透与主动防御平台(Bistu 安全卫士)主动防御功能图

(1) 监控手机短信模块

① 当应用软件在后台发送手机短信时对手机进行监控并给用户做出反馈：监控到恶意行为时,用户可强制执行关闭程序；监控到受信任行为时,可继续发送。

② 手机接收短信时,对"验证码""密码""账户"等敏感信息,直接进行加密并存入用户个人加密数据库,防止后台软件窃取信息。用户可用自己的私钥进行解密阅读。

平台功能展示如附图3所示。

附图3　平台功能展示

(2) 计算危险值模块

根据权限权值设定算法就可以对应用计算危险值。计算危险值只需将应用中申请的权限赋值相加。当危险值处于第5级的区间时,如果申请的权限少,就认为此应用"专注"于发送短信,所以第5级的应用以危险值由少到多排序,其他等级则由多到少排序,提醒用户。危险值区间设置如附图4所示。

大量测试和对比实验验证了该防御工具能够有效地从源头遏制隐私泄露,并防御通过第三方提权的攻击。

```
第0级区间为：[0,0]
第1级区间为：[1,3]
第2级区间为：[4,35]
第3级区间为：[36,179]
第4级区间为：[180,1979]
第5级区间为：[1980,3960]
```

附图4　危险值区间设置

2. 渗透与主动防御教学实验平台

随着信息技术和网络的快速发展，国家安全的边界已经超越地理空间的限制，拓展到信息网络，网络安全成为事关国家安全的重要问题。当前世界主要国家进入网络空间战略集中部署期，国际互联网治理领域出现改革契机，同时网络安全威胁的范围和内容不断扩大和演化，网络安全形势与挑战日益严峻复杂。

社会信息化对信息安全人才的需求日益增大。但是在信息安全人才培养方面，由于我国信息安全教育起步较晚，专业性的教学实验资源匮乏，学生没有体系完整的教学实验平台，实践操作能力大打折扣。

针对这种情况下，本团队整合已有资源，着力开发渗透与主动防御教学实验平台，实现了软件与硬件相结合的网络安全攻防教学系统。可用于教学学习和分析，如渗透实验、主动防御实验、安卓系统漏洞分析、用户心理分析等，对于教学与科研都意义重大。渗透教学流程如附图5所示。

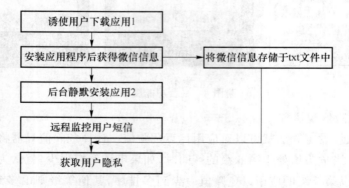

附图5　渗透教学流程

此教学平台还涉及社会工程学的安全教育，通过实践操作，学生能更深刻地了解渗透流程和关键技术点，对社会工程学的理解也会更加透彻。

第三节　市场分析

一、应用领域

1. 安卓手机安全监测与防御

漏洞是在硬件、软件、协议的具体实现或系统安全策略上存在的缺陷，可以使攻击者在未授权的情况下访问或破坏系统。在安卓系统中，第三方应用发送短信的行为是不受控制的，也是无法察觉的。只要用户安装了带有发送短信功能的应用，该应用就会发出系统和用户都无法察觉的短信，而且安卓系统无法拦截该类短信，这是安卓系统的缺陷。

本款产品可以弥补安卓系统的缺陷。在手机客户端安装本款安全软件，可以有效监测、防范第三方应用窃取隐私信息的行为。

2. 教学科研平台

当前针对性较强的信息安全教学实验平台相对匮乏，这影响了对学生信息安全技能、动手实操能力的培养。

本款教学实验平台可直接用于大学信息安全教育的相关课程，能够满足如下教学科研课程的需要。

① 渗透实验：学生学习如何进行系统渗透，窃取相关目标信息，了解渗透流程并思考如何防范。

② 主动防御实验：在充分了解了渗透的流程和方法后，针对性地进行防御实验。

③ 安卓系统漏洞分析：有漏洞才有渗透的可能，通过渗透和防御分析系统漏洞所在，思考解决办法。

④ 用户心理分析：运用社会工程学理论，在攻击发生前进行防范。

⑤ 攻击与防御实战训练。

3. 安全竞赛（攻击与防御实战）

开展信息安全竞赛是普及信息安全的一个重要途径，无论是信息安全专业学生还是非专业学生都需要对信息安全有一定的了解，这符合国家在信息安全领域的方针政策。

本款产品可用于开展信息安全竞赛项目，如渗透测试与攻防演练。在一攻一防中可以锻炼信息安全专业学生的安全技巧，可以激发非该专业的学生对信息安全的重视，提高青少年的信息安全素养，为信息安全研究和开发储蓄后备人才。

二、消费市场分析

1. 手机软件市场

有些不法分子使用二维码生成器把病毒植入二维码，当我们用手机扫描这些带有病毒的二维码时，病毒便会成功植入我们的手机。而当手机感染这些病毒后，不法分子可以通过技术手段盗取手机中的重要信息，包括身份证、验证码等。此时，不法分子便能肆意更改支付密码等，从而盗取钱财。

同时，媒体还曝光了吸费软件扣费严重的问题，借助手机应用程序里的插件，通过手机里的美女等图片来吸引用户订阅一些收费服务，这些收费的提醒十分不明显。而且，这些软件可以暗中屏蔽用户收到的确认短信，并且会偷偷替用户发送确定定制的短信。

国家互联网应急中心监测发现，利用正规软件中内置的插件进行推广已经成为恶意程序非法吸金的重要手段。在手机安全问题频频曝光的背景下，本款产品具有良好的市场前景。

2. 实验教学平台市场

就高校而言，信息安全专业开设时间较短，相对教学资源和设备还未及时跟上教学科研发展需求，学生动手实际操作的能力得不到锻炼，毕业还需要另外专门的技能培训，这对学生发展和学校教学口碑的树立具有不利影响。

当前国家对教育投资比较大，政府部门很重视高校应用型人才培养，而目前信息安全专业，应用型人才储备不足，应用设备缺乏。开发此款教学平台符合当前国家方针政策，对学生均衡发展具有重要意义，市场潜力不错。

三、竞争分析

1. 软件竞争

国内软件开发企业众多，但做安全开发的企业并不多，规模比较大的有360、腾讯、金山等。现有信息安全软件开发企业业务种类多，安全软件功能整合，针对性不强，大而不精。就技术性而言，多数情况下现有安全软件都是用黑名单的手段防范安全事故，但是收效甚微。

我们的产品针对性很强，而且独创的软件相对危险值计算能够很准确地对危险软件（应用）做出评估，能够很好地监督软件行为，保证手机安全。

2. 教学实验平台竞争

当前信息安全课堂教育，多数还是理论为主，实践教学针对性不够强。没有专门的教学实验平台，学生动手能力得不到有效锻炼。

而当前针对信息安全的教学实验平台比较匮乏，因此有足够大的市场潜力。

第四节　营销战略及营销

1. 品牌效应

打造品牌就是运用营销手段来塑造品牌形象。品牌打造得好，就是品牌形象塑造得出色。严格地说，品牌形象的打造包含一个模式和三条途径，一个模式就是"整合品牌营销"模式，三条途径就是导入"品牌形象识别系统""品牌推广运营系统"和"品牌管理控制系统"。一个好的产品，只有形成了品牌，才能在商品经济的大潮中立于不败之地。建立品牌的关键是建立品质形象。建立品质形象并不只是提高产品的质量,关键是要建立起"良好品质"的印象。要从一开始就要做到这一点,这十分重要。良好的第一印象是成功的一半。

品质形象要有"看得见、摸得着、感得到"的改善才能满足打造品牌的要求。一旦形成良好的品牌,不仅可以保护公司的利益,形成有效的销售手段,还能帮助消费者识别和选择商品,树立企业的形象。

2. 广告宣传

要想形成品牌效应,我们首先应该把品牌打出去,让大家认识到这个牌子,这就要求我们在前期加大广告宣传力度。要制作公司形象宣传册和产品宣传册,而作为一家高技术企业,除了出席与本公司技术和产品相关的交易会、洽谈会和展览会外,还要加入相关行业协会以扩大自己的影响,还要在相关刊物上刊登商业广告,要建立自己的网站,让外界更详细地了解自己。

3. 提供比赛设备和经费

各大高校举办的信息安全渗透攻防大赛,是我们品牌推广的好机会、好场所。通过赞助学校科研单位的竞赛活动,可以让更多学生和教学单位了解我们的产品,学生会下载我们的软件,校方单位会购买我们的实验平台用于教学。

通过向部分高校提供比赛设备和部分经费,不仅培养了产品与品牌的亲和力,更促进了产品的稳步发展。

4. 完善的售后服务

作为一家企业,客户服务是十分重要的环节。因为我们要做的不仅仅是将东西卖出去,更要使客户满意,这就要求我们不断完善自己的体制,在售后方面,我们要建立一套完整的客户反馈体系,从而在第一时间了解客户的需求,并建立良好的客户关系。

第五节　财务分析

由于本创业计划还处于初步阶段,暂时未获得融资,待北京信息科技大学大学生创新创业基地申请入驻成功之后,实施系统的融资计划和具体的财务规划。

一、融资战略

1. 融资用途

由于北京信息科技大学大学生创新创业基地会提供部分办公设备,故所得资金将只用于购置产品硬件材料,产品宣传,以及一部分劳务费用。

2. 资金来源

由于创业成员都是在校大学生,故前期的开发所需花费都由项目成员自筹获得,若入驻北京信息科技大学大学生创新创业基地,届时会向北京信息科技大学大学生创新创业基金申请部分资金用于后续硬件平台开发。

二、支出预算

1. 硬件平台购置

该产品目前是可以安装在手机客户端的手机软件,产品的发展目标是成为一个教学、竞赛专用的信息安全渗透攻防硬件平台,因此资金大部分将用于硬件购置和开发,前期需要做成一个试验性硬件平台,预计投资 15 000 元。

2. 宣传费用

在产品推广过程中,需要制作海报、宣传手册等,预计投资 5 000 元。

3. 项目成员劳务费用

项目成员必要的劳务花费,预计 5 000 元。

第六节　管理体系

项目团队成员为朱万祥、闫涵、左冉、邓启晴、殷捷。项目负责人为朱万祥,主要负责公司管理、公司资金管理、公司运营;殷捷负责宣传和推广工作;左冉、邓启晴负责主要技术开发;闫涵负责售后和产品运维。

第七节　风险预测与防范

任何项目都存在风险,如何有效地预防并控制各种风险是项目探讨之初就应该多方讨论的问题,作为管理者会采取各种措施减少风险事件的发生,或者把可能的损失控制在一定的范围内,以避免在风险事件发生时带来的难以承担的损失。本项目可能存在的风险如下。

一、外部风险

作为一家高新技术产业公司,我们最主要的外部风险是随着各种新技术的出现,老技术的生命周期会被缩短,被替代的可能性也会加大;而潜在竞争者的加入同样也会加大我们的外部风险。

二、内部风险

随着社会的发展,知识的更新换代速度越来越快,只有率先掌握新知识和新技术并推动新产业的发展,才能抢抓发展先机并赢得主动。如果我们满足于现状,不努力掌握最新科学技术,很快就会被市场淘汰。

三、防范政策

我们必须在现有技术上不断创新,从而开发出更多符合实际需求的新产品,并在占据高端市场的同时,尽量降低老产品的成本,使其进入中端市场,扩大公司影响。

第八节　撤出机制

1. 上市

如果企业发展到一定规模，可以考虑 IPO 上市，从而资金可以撤离。

2. 并购

如果企业发展暂时不能达到期望，那么可以考虑被其他公司并购。

3. 管理层收购

如果公司运营一段时间以后，公司管理层能够将公司收购，那么其他投资资本也可以退出。